精致露营物语

星空下的山川湖海

（日）Figinc 编
姚秀近 译

广东旅游出版社
悦读书·悦旅行·悦享人生

中国·广州

露营的乐趣无限大

　　不言而喻，露营充满了乐趣。

　　备上称心的装备，尽情感受大自然的气息；在小溪中嬉戏玩耍，于林间捉几只昆虫，即使思绪飞散，身心仍能沐浴在森林中；尽情地享用露营大餐，围绕着篝火与朋友痛饮一杯；倦意袭来时在不熟悉的环境中也能酣然睡去。露营实在是趣味十足。

　　然而露营的乐趣远远不止这些。

　　生火花费了两个小时之久，火候控制不佳导致饭菜煮焦。防

水布撑不起来、回程途中遇上交通堵塞……令人感到不可思议的是这些看似"糟糕"的经历在日后都会成为一段段美好的回忆。

露营真正的乐趣和奥义在于"不顺利"和"不断摸索",露营的世界不论失败。

本书收录了露营中的100个建议,希望这些建议能为大家的露营之旅增添一些乐趣,令大家的探索之旅更加充实。各位读者不妨怀着轻松的心情从中选取几个一试,或许能够找到适合自己的露营方式。

本书适用人群

每个人都有自己专属的露营方式。

无论您是否喜欢和享受露营,

都不妨通过阅读此书解锁一些新的露营方式!

极度享受露营

您百分之百享受户外露营且始终如一,

对现在的露营方式应该也无不满之处。

但如果偶尔能烹饪一些不同风味的料理,

抑或开展一些不同于寻常的活动,

会不会也不错呢?

通过阅读本书,

您的"露营世界"将进一步得到拓展。

认为露营千篇一律、毫无新意

您认为露营虽然有趣,

活动内容却千篇一律、毫无新意。

如果您想要在露营中收获全新的乐趣,

这本书就非常适合您。

如果您还在纠结是否坚持自己目前的露营方式,

不妨向前迈一步,

尝试一下这些能够让露营之旅更加舒适的技巧。

无法感受到露营的乐趣

"坦白说,

我认为露营只是一种变相陪伴家人或朋友的方式,

我完全感受不到其中的乐趣……"

如果您抱有这样的想法,

我衷心向您推荐这本书。

请将以前的露营经历全部忘掉,

然后试着在这本书中找到您愿意尝试的事情。

除此之外,

如果露营中能够用上一些解决"不顺"的小技巧,

或许您会更加乐在其中。

100个露营小建议

本书的使用方法

把目录当成一份清单，努力去完成

即便不付诸行动，单纯阅读这本书也能收获许多乐趣

从感兴趣的事情开始尝试

#爱吃肉
#篝火　　#DIY
　　　　　#亲子
#单人露营

在主题词中检索自己想做的事情

为愉快享受露营必须遵守的 3 大规则

只有遵守规则，才能自由地享受露营带来的乐趣，以下所列规则均是露营中最基本的要求。不同的露营地设有独立的规则，请一定要提前了解清楚。

1 | 保护环境

应对自然环境怀有感恩之心。为了确保您全程都能享受露营之旅，请注意保护露营地的生态环境。保护环境的最低要求为"禁止破坏植被""禁止乱扔垃圾和煤炭"以及"禁止污染和浪费水资源"。一些露营地还禁止捕捉昆虫和采摘植物，请注意提前了解情况。

2 | 安全第一

必须将安全问题放在首位。露营中使用工具常伴随各种危险，除了必须要小心使用刀具和火源以外，还要注意帐篷和防水布的安装方法，假如帐篷和防水布的安装方式不正确，它们就很有可能倒塌，给露营的人们造成伤害。因此，使用各种工具前一定要仔细阅读使用说明书，如果遇到天气恶劣或身体不适的情况，应及时中止露营活动，不要勉强自己。

3 | 请勿打扰他人

请牢记露营地中还有其他露营者，不要因为声音、光线以及位置的问题给其他人带来麻烦。睡觉时间请务必严格遵守露营地的规则，同时也请注意不要打扰到他人休息。

注意

- 书中介绍的一些活动可能在某些露营地不被允许，因此，请仔细阅读目标露营地的守则，如果有不放心的地方，请向目标露营地的工作人员咨询。
- 书中介绍的工具使用方法并不适用于所有工具，露营前请仔细阅读您购买的工具的使用说明书，确认该工具能够安全使用。

目录

PART 1 露营的『命门』——露营餐

- [ ] 001 学做正宗的香料咖喱，在户外吃更美味！……2
- [ ] 002 从面团开始烘焙美味绝伦的比萨……4
- [ ] 003 烤出最可口的炭烤吐司，酥脆又软糯……6
- [ ] 004 在新鲜出炉的面包的清香中醒来……8
- [ ] 005 种类丰富的热三明治的终极做法……10
- [ ] 006 篝火过后是烤饭团……12
- [ ] 007 露营下酒菜中的"王者"——油蒜料理……14
- [ ] 008 时间即调味料！学做"放置型"露营餐……16
- [ ] 009 用"野蛮"的方式烹调大块肉……18
- [ ] 010 万能烹饪工具！一个铁板就能轻松搞定……20
- [ ] 011 用章鱼小丸子机做小菜、零食和下酒菜……22
- [ ] 012 熟练使用铝饭盒，无论是小菜还是饭都能搞定……24
- [ ] 013 大口享用豪爽汉堡……26
- [ ] 014 制作美味的杯面……27
- [ ] 015 用石板烤出极品牛排……28
- [ ] 016 加个罐头做成简单的下酒菜……29
- [ ] 017 寻找美味的熏制食材……30
- [ ] 018 浓缩精华！在阳光下晒蔬菜……32
- [ ] 019 优雅地享用新风味的烤水果……34
- [ ] 020 学做终极棉花糖甜点"斯摩尔"……36
- [ ] 021 享用篝火烤出来的极品下酒菜……38
- [ ] 022 按照自己的喜好烘焙咖啡豆……40
- [ ] 023 品尝北欧风咖啡……42
- [ ] 024 喝杯印度香料茶温暖身心……44
- [ ] 025 一边喝着温热的酒一边与人闲聊……46
- [ ] 026 做出你人生中最美味的烤红薯……48
- [ ] 027 一举两得！一边玩耍一边做冰激凌……49
- [ ] 028 寻找喜欢的爆米花口味……50
- [ ] 029 用明火烤蛋糕卷……51
- [ ] 030 烤出绘本中那样松软的蜂蜜蛋糕……52
- [ ] 031 制作口味丰富的新鲜黄油……54

PART 2 在露营中畅玩

- [ ] **032** 通过树叶的形状分辨树木…………58
- [ ] **033** 聆听鸟鸣、观察鸟儿…………60
- [ ] **034** 治愈身心的最佳方式——森林浴…………62
- [ ] **035** 石头如是说：我身上带有关于这片土地历史的印记…………64
- [ ] **036** 成为打水漂高手…………66
- [ ] **037** 凭借岩石平衡术成为水边的艺术家…………67
- [ ] **038** 用木材自制勺子…………68
- [ ] **039** 用铁皮罐制作火箭炉…………70
- [ ] **040** 用自制的鸟笛和鸟儿聊天…………72
- [ ] **041** 制作简便钓鱼竿…………73
- [ ] **042** 用身边的植物来染色…………74
- [ ] **043** 用松塔儿做成装饰品装饰露营地…………76

- [ ] **044** 拿出打铁匠的气势！用大钉子做裁纸刀…………77
- [ ] **045** 学千利休点茶…………78
- [ ] **046** 在蓝天下吃流水素面…………80
- [ ] **047** 放飞口袋风筝，感受风的流动…………81
- [ ] **048** 正经观察蚂蚁…………82
- [ ] **049** 捕捉独角仙和锹甲…………84
- [ ] **050** 自制瑞典火炬…………86
- [ ] **051** 观看不同季节的星空…………88
- [ ] **052** 区分不同种类的云…………90
- [ ] **053** 通过"数码排毒"来恢复元气…………92
- [ ] **054** 户外桑拿…………94
- [ ] **055** 露营中早起的鸟儿有虫吃…………96
- [ ] **056** 雨天专属的乐趣…………97

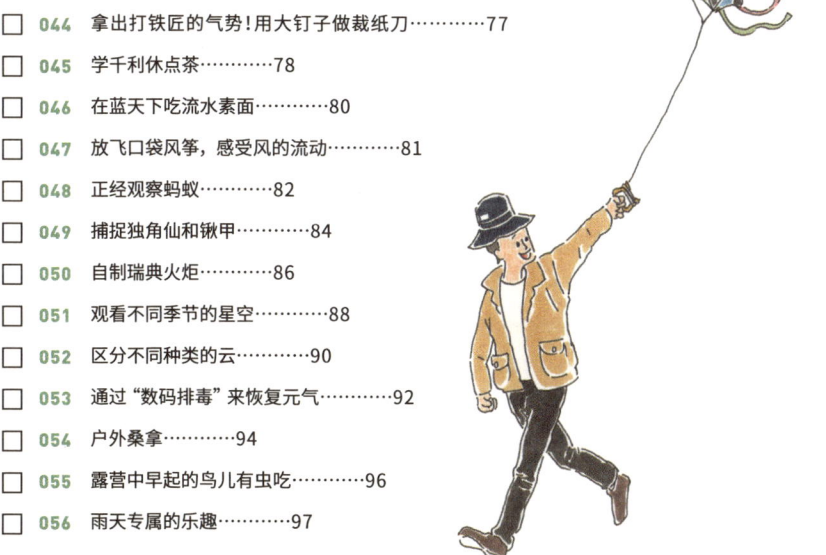

PART 3 欢迎深入其中 挑选最佳的装备

- [ ] 057 熟练使用一物两用的营帐…………100
- [ ] 058 七种模式！钻研最佳的帐篷搭法…………102
- [ ] 059 选出最适合你的户外椅子…………104
- [ ] 060 睡袋×垫子=最佳入眠装备…………106
- [ ] 061 露营必做之事——坠入轻便床的温柔乡…………108
- [ ] 062 带上吊床，成为最佳露营者…………110
- [ ] 063 完全合身的感觉真好！寻找"灰姑娘式契合"…………112
- [ ] 064 有效利用窄桌…………114
- [ ] 065 打造舒适的智能厨房…………116
- [ ] 066 露营者的必需品 熟练使用雪拉杯…………117
- [ ] 067 熟练使用万能烹饪工具——平底煎锅…………118
- [ ] 068 新趋势：用中华炒锅做篝火料理…………120
- [ ] 069 选出最佳的冷藏箱…………122

- [ ] 070 在摇曳的烛光中感到治愈…………124
- [ ] 071 带上保温瓶会很方便…………126
- [ ] 072 带上登山扣会很方便…………127
- [ ] 073 选择露营达人们推荐的助燃剂…………128
- [ ] 074 熟练使用单头卡式炉…………129
- [ ] 075 在露营前一天晚上制作简单工艺品——自制酒精炉…………130
- [ ] 076 自制料理台…………132
- [ ] 077 自制户外灯笼架…………134
- [ ] 078 地钉不够用时可以用树枝自己做…………136
- [ ] 079 用捡来的木材自制三脚架…………138
- [ ] 080 用伞绳给工具"升级"…………140
- [ ] 081 用原创标志装点工具和装备…………142
- [ ] 082 给露营"做减法"——携带最少的工具…………144
- [ ] 083 保养心爱的工具和装备…………146

PART 4 令人引以为傲的露营技巧

- [ ] 084　露营者展现技术的时刻——装载行李…………150
- [ ] 085　搭帐篷前先确定方向…………152
- [ ] 086　一个人也能将帐篷搭得又快又好…………154
- [ ] 087　用一小时完成令人郁闷的撤离…………156
- [ ] 088　进一步享受篝火…………158
- [ ] 089　用背敲的方式劈柴火…………160
- [ ] 090　用原始的方式生火…………162
- [ ] 091　早晨也可以享受篝火的乐趣…………164
- [ ] 092　120%灵活使用救生刀…………166
- [ ] 093　三大结绳术…………168
- [ ] 094　忘带的东西可以用铝箔纸做出替代品…………169
- [ ] 095　用蓝色防水布搭帐篷…………170
- [ ] 096　体验军事风露营…………172
- [ ] 097　用布打造出一片美丽的露营空间…………173
- [ ] 098　用灯笼驱虫…………174
- [ ] 099　确保第二天的体力!用枕头睡个好觉…………175
- [ ] 100　用露营装备应对灾害…………176

PART 1

露营的"命门"
——露营餐

露营中最大的乐趣当属烹饪和享用露营餐。

户外的料理不仅美味，还令人感到不可思议。

不仅如此，连烹饪本身也乐趣十足。

日常生活中，我们常使用煤气、电磁炉或微波炉等间接加热的方式烹饪食物，然而露营中我们则需要自己动手生火，就让我们尽情享用露营专属的具有独特风味的露营餐吧！

PART 1 food 001

爱吃米饭　香料　特色食谱

学做正宗的香料咖喱，在户外吃更美味

咖喱中添加的香料

豆蔻
具有清凉刺激的香味和口感，是制作咖喱不可或缺的一味材料。

桂皮
气味香甜，口感辛辣，可使咖喱的口感更深邃。

丁香
气味与香草相仿，带有麻味，可使咖喱的口感变醇厚。

姜黄
用于调色。煮饭时加入姜黄可使米饭的颜色变黄。

卡宴辣椒粉
晒干的辣椒籽。添加后可增加咖喱的辣感。

三味香辛料
印度料理中使用的一种混合香料，味道辛辣。

茴香子
具有独特香味，可大幅度提升咖喱的香味。

月桂叶
月桂树的叶片。可用于消除肉类和鱼类中的异味。

只要知道了步骤，做咖喱其实一点也不难

如果一提到露营，您最先想到的是咖喱的话，请一定要尝试用香料做一份地道的咖喱。香醇浓郁的咖喱配上户外这一食用地点，您会感到格外美味哦！

使用香料时需要掌握以下3个诀窍：

❶ 香料需要调温

   油中放入香料，加热至香味转移到油中。

❷ 碾碎的香料要在制作料理的最后一步放入

   香料碾碎后香气和味道都容易消散，所以需要与完整的香料分开放入料理，碾碎的香料应在制作料理的最后一步放入。

❸ 巧用香料的"香味""颜色"和"辣味"

   香气浓郁的香料、适合调色的香料以及带有辣味的香料三种融合在一起形成的味道决定了咖喱的味道。

以香料为原料的基本款咖喱

原料（两人份）

鸡腿肉…200克	豆蔻（晒干）…1粒	卡宴辣椒（粉末）…1小匙
西红柿…1个	茴香子（晒干）…1小匙	酸奶…50克
洋葱…1/2个	蒜（碎末）…1小匙	水…100毫升
色拉油…2大匙	生姜（碎末）…1小匙	食盐…1/2小匙
	姜黄（粉末）…1小匙	

做法

1. 将鸡腿肉切成一口大小，西红柿切成细丝，洋葱切成末备用。
2. 往较深的平底锅或普通的锅中倒入色拉油后，放入豆蔻和茴香子用大火加热。注意不要烧焦。
3. 待香味溢出后，倒入洋葱继续加热。
4. 待洋葱表面变色后翻面，继续加热至再次变色。
5. 放入大蒜、生姜和西红柿翻炒。
6. 待西红柿变软后，放入三味香辛料（豆蔻、茴香子、姜黄）和卡宴辣椒粉翻炒至水分飞溅。
7. 锅中倒入水，放入鸡腿肉和酸奶煮10分钟。
8. 加入食盐调味。

可根据个人喜好添加其他调味料，味道会更佳！

肉桂：香辣口味　　辣椒粉：熏制口味
香菜：偏甜口味　　黑胡椒：强烈刺激口味

PART1 food 001

PART 1 food 002

从面团开始烘焙美味绝伦的比萨

平底煎锅　铸铁锅　特色食谱

— 户外的炭火风味比萨

平底煎锅

在盖子上放上炭火即可从上方烘烤食物，推荐使用带盖子的平底煎锅。使用方法详见本书118页。

　　在户外即便没有烤箱也可以做比萨！用平底煎锅或铸铁锅烤比萨可以达到像在高温的窑中烤出来那样的效果，能将比萨烤得恰到好处，色味俱佳。烘烤过程中的关键在于用上下火进行加热。不论是用平底煎锅还是铸铁锅，都需要把炭放到盖子上面。

　　春夏季时可以将揉好的面团放在外面发酵，低温时则可以将面团放在睡袋中发酵。另外，提前在家中发酵好面团也是一个不错的选择，到了露营地后就可以直接开始烤。

基本款比萨的制作方法

从揉面团开始自己动手制作,这样做出的比萨别有一番风味!只要将揉好的面团放在一旁静置就行,非常简单。此外,还可以享受制作配料的过程。

材料 (制作两个直径为20厘米的比萨的量)

高筋面粉…200克
低筋面粉…100克
酵母粉…5克
食盐…1/2小匙
水…180毫升

工具

- 碗
- 保鲜膜
- 料理纸
- 擀面杖
- 叉子
- 附盖子的平底煎锅或铸铁锅

配料与装饰

比萨酱、奶酪、青椒、小番茄、罗勒、意大利式腊香肠等
※如有食物需长时间加热,请提前用水煮熟。

做法

1. 将所有材料放入碗中搅拌10分钟左右。面团发酵后会膨胀,所以请使用尺寸较大的碗。

2. 待面团不黏手后用保鲜膜包好,在温暖的地方(25℃左右)放置1个小时。

3. 待面团膨胀至两倍大小后取出,一分为二,分别揉搓至表面光滑。

4. 砧板上铺上料理纸并撒上少许面粉,用擀面杖或直接用手将面团擀成直径为20厘米的圆形,然后用叉子把需要放置食材的地方挖空。

5. 在擀好的面团上放上比萨酱、蔬菜和奶酪。将面团放入带有余热的铸铁锅或附盖子的平底煎锅中,在盖子上和锅下面都放上炭,烘烤面团10分钟左右直至变色。

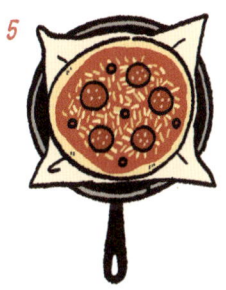

搭配食材

- 照烧鸡肉+洋葱+玉米+蛋黄酱
- 蓝纹奶酪+莫扎里拉奶酪+蜂蜜
- 土豆+明太子+年糕

烤出最可口的炭烤吐司，酥脆又软糯

爱吃面包　早餐　特色食谱

厚切，外层酥脆，内里软糯。

建议带上小瓶果酱以及切成片的黄油。

吐司要想做得好吃，关键在于枕头面包的含水量

外表酥脆香甜，内里却软软糯糯！如果您想在露营中品尝到这种口感的吐司，必须严格挑选面包并且讲究面包的烤法。要实现这样酥脆软糯的口感，面包的含水量是关键。通常我们会选用四方形面包而不是山形的面包，这是因为四方形面包水分含量高、比较湿润。而且面包一旦切开，水分就会流失并逐渐变干，所以您可以选择直接买一整个面包，等到要做时再切片，这样做出来的吐司会比较理想。

简单的炭火吐司终极烤法

1. 用大火温热烤网或者铁板烧。
2. 将面包厚切(厚度控制在30毫米左右)。烤前先用喷雾器轻轻润湿吐司,然后在吐司中央切一个十字,深度约为吐司厚度的一半。
3. 将烤网或铁板架在离炭火稍远的地方后放上吐司,待吐司表面烤至变色后翻面。

※由于吐司在烤制过程中非常容易烤焦,所以请密切关注烤全程。
※为防止水分蒸发过多,请在短时间内烤完。

12种可供选择的吐司搭配方案

蛋黄酱加煎蛋

巧克力加香蕉

板状巧克力

海苔加纳豆

斯摩尔

小沙丁鱼加奶酪

草莓酱加黄油

豆馅加黄油

烤柠檬

肉桂加砂糖

公鸡太太

披萨吐司

PART 1 food 004

在新鲜出炉的面包的清香中醒来

爱吃面包　铸铁锅　早餐

铸铁锅
气密性高且热传导能力强，能做出香软又美味的面包。

在户外做憧憬已久的面包

您应该也觉得新鲜出炉的面包比普通的面包好吃得多吧！如果是在户外吃到的话会感觉更美味，再加上是自己亲自动手做的，内心还会产生一种满足感，它将会成为户外最棒的早餐。或许您会觉得做面包很难，但只要掌握了诀窍，就能烤出非常可口的面包。外出露营时，只要在前一天准备好发酵好的面团，第二天早上就能立刻吃到新鲜出炉的烤面包。要想做烤面包您必须带上铸铁锅，得用它的上下火来加热面包。

早晨起来立刻就能做！基本款面包的制作方法

提前在家里发酵好面团做起来会比较顺利。发酵好的面团可以放入冰箱保存一段时间，所以您也可以在冰箱常备一些发酵好的面团。

材料（易做的分量）

高筋面粉…300克
牛奶或水…160毫升
砂糖…20克
食盐…5克
酵母粉…3克
黄油（置于常温中变软）…60克

工具

- 碗
- 保鲜膜
- 塑料袋
- 料理纸
- 铸铁锅

做法

1. 将除黄油以外的所有材料放入碗里搅拌均匀。
2. 面团成形后，继续揉10分钟左右直至不黏手。
3. 放入黄油后继续揉，待不黏手后将面团搓成一个表面光滑的圆球。
4. 将面团放入碗中用保鲜膜密封，在温暖的地方（25℃左右）放置1个小时。
5. 面团膨胀至两倍大时，意味着第一次发酵结束了。将发酵好的面团放进塑料袋中封口（塑料袋中留有部分空气），然后放入便携式冷藏箱带去露营地（如果不用马上出门，可以放入冰箱的冷藏室或冷冻室）。
6. 烤前1小时将面团取出揉搓，一边排尽里面的空气，一边重新将面团揉成圆球状。将揉好的面团分成8~12等分后揉成圆球状。
7. 往铸铁锅上铺上料理纸后放上面团。在铸铁锅上铺上一层保鲜膜防止面团变干，然后盖上盖子。
8. 待面团膨胀至约1.5倍大小，将热腾腾的炭放在盖子上给铸铁锅加热。
9. 烤15~20分钟，其中，下方加热用小火，上方加热用大火，边烤边观察情况。

1

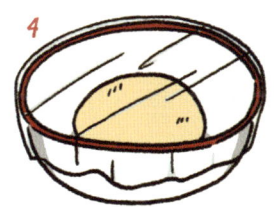

4

PART 1
food
005

种类丰富的热三明治的终极做法

爱吃面包　早餐　配备食谱　轻松食谱

重塑剩余的食材，做成外形美观的料理

优点 1
什么都可以夹着烤！不需要食谱，简单方便。

优点 2
做出的料理不仅分量足而且外形美观！

优点 3
用来处理剩下的食材再适合不过了！

热三明治已经成为现代户外餐中的必需品。无论是普通三明治的材料、剩下的小菜还是水果，只要夹起来烤一下就行，操作竟简单如斯！夹完后三明治的体积会变小，所以也可以用来夹一些体积较大的食材，例如可乐饼、烤肉等。

如果没有可放的食材，可以在吐司内侧涂上黄油或番茄酱做成香喷喷的烤吐司，这样做出来的烤吐司味道会与平时吃的有所不同。另外，中间夹上肉包或蜜瓜包也很好吃。

6种推荐的食材搭配

PART 1 food 006

篝火过后是烤饭团

爱吃米饭　配备食谱　篝火炭火食谱

酱油味
如果想让酱油的味道渗透到米饭里面，可以提前用酱油将米饭拌好。

用炭火烤
饭团遇明火就会变焦，因此需要把炭火放在烤网上慢慢地烤。

种类多样、味道极品、趣味十足

当篝火熄灭，炭火变得通红，篝火宴会也来到了尾声，这时岂有不烤饭团之理！

烤饭团的要点在于烤之前必须等饭团完全冷却下来，这样做是为了不让米饭黏在烤网上。制作饭团时只要稍微用力地捏饭团，饭团就不会在烤的过程中散开。

饭团的种类无限多，其中最简单的便是酱油味的饭团，烤完后会变得香喷喷的，等它的表面烤至焦黄后，再用刷子涂上一层酱油吧。

6种推荐搭配

(最佳搭配)
鳕鱼子加蛋黄酱
— 鳕鱼子蛋黄酱

(半熟即正义!)
味噌加溏心蛋!!
— 大叶
— 味噌
— 溏心蛋

(浓稠拉丝的芝士)
芝士烤饭团

(用铸铁锅做)
咖喱饭团

(口感清爽!)
烤饭团茶泡饭

(王道!)
鲑鱼加玉米

PART 1
food 007

露营下酒菜中的『王者』——油蒜料理

下酒菜 / 轻松食谱 / 配备食谱

油蒜料理的乐趣在于油

油蒜料理指的是西班牙的塔巴斯科辣酱，做法是往橄榄油中放入大蒜和辣椒调香，然后放入各种食材熬煮。由于油蒜料理的食材种类丰富，做出的辣酱也有各种各样的味道，您可以一边在火堆上用文火烤油蒜料理，一边喝酒聊天，油蒜料理非常适合当下酒菜。

但事实上这些食材只是配角，真正的主角是香气四溢的橄榄油。西班牙人常把它涂在面包上或拌入意大利面食用。当然，把橄榄油加入短意大利面的吃法也很正宗。

> 尽情放入各种喜欢的食材！

> 只需在雪拉杯上点火即可，非常简单！

14

基本款油蒜料理的制作方法

材料（1个雪拉杯的量）

虾仁…2～3个
花椰菜…1/8株
蘑菇…2～3个
橄榄油…100毫升
大蒜…1～2瓣
朝天椒（去籽）…1个
食盐…少量

做法

1. 将虾仁洗净，花椰菜切成一口大小备用。
2. 雪拉杯中倒入橄榄油，加入大蒜和朝天椒用小火加热。
3. 待香味溢出后，放入沥干水分的虾仁、花椰菜、蘑菇煮，撒盐调味。

推荐食材

胗子&蘑菇

墨鱼&土豆

牡蛎&葱

章鱼&花椰菜

鳕鱼子&小番茄

牛油果&橘子&虾

PART 1 food 008

时间即调味料！学做『放置型』露营餐

爱吃肉　轻松食谱　篝火炭火食谱

带骨头的肉也十分柔软！

料理方式自由的鸡肉火腿肉

将肉切块放置着就行！

时间是制作美食的最佳工具

　　虽然也想吃上好吃的露营餐，但却不习惯在户外做料理，自己究竟能不能做好呢……如果您怀有这样的担忧，我推荐您做一些只要花时间放置在一旁就能完成的料理，只需利用一些烹调器具的功能，不费工夫便能做出美味的戶外料理。

　　另外，篝火和炭火的火势很强，料理在短时间内就能做好。不仅如此，在户外还能品尝到带有烟熏味的料理，这可是在平常接触不到的。请试着按照这三种"放置型"料理食谱做做看吧。

16

3种可供选择的"放置型"料理食谱

用带骨头的肉做的火上锅

用平底煎锅烹煮

材料（4人份）

- 鸡翅…4个
- 胡萝卜…1/2根
- 洋葱…1/2个
- 土豆…中等大小，2个
- 色拉油…1大匙
- 大蒜…1瓣
- 卷心菜…1/6个
- 香肠…2根
- 月桂树皮…1片
- 胡椒盐…适量

做法

1. 菜刀沿鸡翅骨头旁切入。
2. 将胡萝卜切成大块，洋葱切成一口大小，土豆去皮后对半切开备用。
3. 往平底煎锅里倒油，放入切好的大蒜翻炒，然后放入鸡翅和切成大块的卷心菜加热至两面焦黄。
4. 放入胡萝卜、洋葱、土豆、香肠、鸡翅和月桂树皮后，盖上盖子用中火煮10分钟。
5. 撒上胡椒盐调味。

鸡肉火腿肉

材料（一根的分量）

- 鸡胸肉…1块
- 砂糖…1小匙
- 食盐…2小匙

只需要放入塑料袋后煮

做法

1. 鸡胸肉去皮后用刀划上口子，使其表面展平。
2. 用糖和食盐充分揉搓鸡胸肉正反面，然而将揉搓好的鸡胸肉放入冷藏箱内静置，1个小时后取出置于常温条件下。
3. 用厨房用纸擦拭鸡胸肉表面，然后放在铺开的保鲜膜上卷起来，转动保鲜膜左右边打上结。
4. 将包好的鸡胸肉放入塑料袋后浸入沸腾的热水中。
5. 待水二次沸腾后关火，盖上盖子静置3个小时。
6. 取出鸡胸肉切成薄片。

烤牛肉

材料（容易制作的分量）

- 牛肉块…200克
- 砂糖…1小匙
- 食盐…1小匙
- 橄榄油…1大匙

炭火烤制，味道可口

做法

1. 牛肉块置于常温条件下。
2. 在肉的表面涂上砂糖和食盐，放入涂有橄榄油的平底锅和铁板，将牛肉块的正反面烤至焦黄。
3. 用铝箔将牛肉块包好后，继续用远火烤5分钟左右。
4. 烤好后用毛巾包裹牛肉块直至余热消失，最后再用余热加热。

PART 1

food **009**

用『野蛮』的方式烹调大块肉

爱吃肉 ｜ 野外食谱 ｜ 三脚架

想吃到户外特有的豪爽料理

如果有三脚架（➡P150）的话，将调味好的五花肉悬挂在明火上，然后做成培根。

烹调大块肉可以选择一种"野蛮"的方式——篝火烤或炭烤，非常适合在户外露营中进行。切开大块肉的瞬间人的情绪也会变得高涨。烤一整只鸡、像吃巴西烤肉那样品尝用篝火烤的牛肉、炖整块的猪肉……用简单的方法烹饪出美味的食物也是其魅力所在。

此外，还可以根据不同的烹饪需求将大块肉切成小块，从中我们也能感受到户外特有的野性和自由。

用牛肉简单做出巴西烤肉

把牛肉串好后撒上胡椒盐,然后用小火或中火慢慢烤。烤好后可以用刀边切边吃。肉烤好后可以用铝箔纸稍微包一会儿,这样肉会更加多汁。牛肉推荐牛腰或牛臀肉。

用铸铁锅烹饪一整只鸡

将鸡的内部洗净后塞入大米和切碎的洋葱、芹菜等蔬菜。加入蒜末和胡椒盐后放入铸铁锅中,用上下火蒸1个小时左右。

做大块肉时,温度很重要

大块肉比较厚,不容易熟,因此常出现周围烧焦但里面还是很生的情况。正确的诀窍在于烹饪前将肉恢复常温状态。烹调前请将肉从冷藏箱取出置于常温条件下,待手触摸时有温热感便可以进行下一步。不同季节存在温差,一般放置1~2小时即可,天气寒冷时可以把肉放在帐篷里。

此外,猪肉和鸡肉,一定要烧熟。在光线昏暗的条件下,请用手电筒照一下确认肉是否熟透。

剩肉可以切成薄片加入三明治中或切成小块放入炒饭中。将料理二次加工也是一种乐趣。

PART 1
food
010

铁板料理法之 ❶ 烤

万能烹饪工具！一个铁板就能轻松搞定

爱吃肉　便利的烹饪工具　简易食谱

牛排的烤法
烤前将牛肉恢复至常温。在高温的铁板上涂上牛脂后，迅速放上牛排烤至表面焦黄，然后轻轻盖上铝箔纸干蒸2分钟左右。

体积小也是铁板的一大优势！不仅限于用来烤肉

如果集齐所有露营工具带去露营地，行李将成为一大负担。这时，如果有一样烹饪工具能够兼有其他许多工具的功能，这将会省下许多体力。铁板使用的材料是铸铁，加热食物时使用明火，其特点在于不仅轻薄、体积小，而且能使食物受热均匀。除了炒菜和炒面以外，如果铁板有边，还可以做带汤汁的料理。我推荐使用大尺寸的铁板，因为它可以同时烹饪多种食物。不过，铁板越厚就会越重，所以选择厚度在3~5毫米范围内的即可。

铁板料理法之 ❷　蒸

中华蒸白身鱼的制作方法

在铝箔纸上放上白身鱼、切丝的胡萝卜、青椒、葱和生姜,淋上酒和撒上盐,包好,放在铁板上蒸。蒸好后倒入酱油和芝麻油,根据个人口味撒上胡椒。

铁板料理法之 ❸　压

铁板热三明治的制作方法

将枕头面包切成8片后夹上培根和液体状奶酪,用铁板烤至表面呈焦黄色。翻面时,用上面的铁板往下挤压。这时如果将以铁板竖起来用力挤压面包边,就达到用三明治机夹出来的效果。

PART 1 food 011

用章鱼小丸子机做小菜、零食和下酒菜

便利的烹饪工具　下酒菜　零食

没有什么是一台章鱼小丸子机做不了的！

大家一起用章鱼小丸子机做料理会非常热闹且有趣。露营中用上它绝对能活跃气氛。不仅如此，它本身还是个万能烹调器，能做出各式各样的料理。章鱼小丸子机的圆球洞受热良好，除了章鱼小丸子，包括下酒菜、小菜、甜点在内，几乎什么都可以做。每个圆球洞都是独立的，可以分开烧制食物，所以非常适合用于制作多种每次只需少量食材的食物。而且不管是做哪种料理，光是冒号和圆形这一外形就够可爱了！

芝士火锅

材料（16个圆球洞的量）

白葡萄酒…80毫升
太白粉…5克
大蒜…2瓣
可融的奶酪…150克
喜欢的食材（法式长棍面包、烫好的蔬菜、香肠等）

做法

1 在太白粉中倒入白葡萄酒搅拌。

2 大蒜、芝士切成薄片，与搅拌好的食材一同放入章鱼小丸子机的圆球洞加热。

3 待芝士溶化后搅拌均匀，放入其他喜欢的食材。

烤饭团

材料（16个圆球洞的量）

煮熟的米饭…480克
（1个圆球洞放30克）
酱油…1/2大匙
芝麻油…适量

做法

1 往煮好的米饭中加入酱油搅拌好后揉成圆形的饭团。

2 往章鱼小丸子机中倒入芝麻油，加热后放入揉好的饭团。

3 一边烧一边翻转饭团至表面焦黄，用刷子在饭团表面刷上一层酱油（分量外），烤一会儿关火。

大家一起欢呼闹腾！

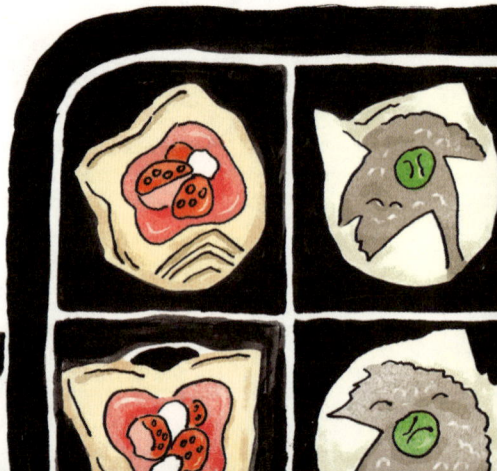

> 吃起来非常方便,连小孩子都能一口一个

因为只有一口大小,吃的时候完全不会弄脏手。制作过程中,可以根据自己的口味加入不同的配料。添加配料时,只需用巧克力或奶酪填充其中一个就能和小朋友们一起愉快地玩耍。

除下面列举的食谱外,还可以做油蒜料理,你可以往油蒜料理中加入海鲜和蘑菇等食材(食谱详见 15 页)。如果往圆球洞多放一些油还能做油炸食品,例如可以做出美味的甜甜圈和芝麻团。

顺便一提,可以用宽瓶口的塑料瓶做面糊,将面粉、水和鸡蛋放入摇晃均匀即可,这样一来面糊就能很容易地流到机器中,非常方便。

烧卖

材料(16个圆球洞的量)

洋葱…1/4个　　酱油…1小匙
猪肉末…150克　太白粉…1大匙
食盐…1/2小匙　烧麦皮…16张
芝麻油…1小匙　青豆…16颗

做法

1. 将切碎的洋葱、猪肉末、食盐、芝麻油、酱油和太白粉倒在一起充分搅拌。
2. 往机器中倒入油(分量外),放入烧麦皮后,然后用勺子将搅拌好的食材放入烧麦皮中,再用青豆进行装饰。
3. 盖上盖子干蒸。

草莓派

材料(16个圆球洞的量)

草莓(冷冻过的也可以)
　…1盒(250克)
砂糖…50克
派皮…1张
奶油芝士…50克

做法

1. 往锅中倒入草莓和砂糖熬成果酱。
2. 将派皮分成16等份,擀开后放入章鱼小丸子机中。
3. 派皮上放果酱和奶油奶酪,烤至表面呈焦黄色。

一个人吃超级满足!

PART 1 food 012

无论什么料理都只需一个铝饭盒

便利的烹饪工具　爱吃米饭　单人露营

熟练使用铝饭盒，无论是小菜还是饭都能搞定

铝饭盒作为一款十分简便易携的烹饪工具，从几年前开始就很受欢迎。铝饭盒是铝制品，导热能力很强，不仅可以煮饭，还能用来炖菜和炒菜。用铝饭盒做出来的食物味道也很好，这也是铝饭盒的一大特色。不仅如此，我们还可以把铝饭盒当成餐具使用，用它煮好饭菜后可以直接开吃。铝饭盒重量轻且体积小，收纳和携带都很方便，在这一点上非常加分。

搭配铝饭盒使用的工具也有许多种，如蒸饭菜时使用的网以及铝饭盒的铁板等。但切记烹煮时火势不宜过旺，否则铝饭盒不会冒水汽，这样很有可能造成热量流失。

铝饭盒
不同制造厂商做出来的铝饭盒大小也不同。瑞典制户外铝饭盒比较受欢迎，该铝饭盒有普通款和加大款两种型号，其中普通款可以煮1.8合（约324毫升）大米，加大款可以煮3.5合（约630毫升）大米。这种铝饭盒可在家庭露营时使用。

网
在铝饭盒上放上网倒入水，还能用来蒸东西。

喷烧器
小型的喷烧器也能用来烹饪食物，非常方便。

盖子
盖子也是铝制的所以也可以用来饪食物。

用铝饭盒煮一人份的米饭

材料

大米…180毫升
水…200毫升

做法

1. 大米洗净后倒入200毫升的水浸泡30分钟。
2. 开大火煮沸。
3. 水沸腾后改用小火,盖上盖子煮12分钟。
4. 关火。用毛巾包裹铝饭盒来回翻转着焖10分钟。
5. 打开盖子搅拌米饭。

炒 — 用来炒面或者炒菜（炒面）

煮 — 用来煮汤或者炖菜（汤）

焯 — 用来焯蔬菜（花椰菜）

蒸 — 用来蒸糕点或蒸蔬菜（蒸糕点）

刚开始使用铝饭盒时需要做的事

新买的铝饭盒上有毛刺（金属加工时产生的凸起），因此需要用砂纸摩擦盖子和盒子的边缘将它们去除。直接使用新买的铝饭盒容易受伤，所以一定要去除毛刺后再使用。

此外，新买的铝饭盒有一股金属味，而且很容易烧焦，所以需要用加料的方式做一些保护饭盒的措施。加料的方式很简单：将饭盒浸泡在淘米水中煮15分钟左右（煮的时候请取下把手），冷却后用柔软的海绵清洗干净即可。

PART 1 food 013

大口享用豪爽汉堡

篝火炭火食谱　爱吃肉　野外食谱

圆面包
快速烤一下面包切口，然后在切口薄涂一层黄油。

培根
厚度为1厘米左右最佳。

肉饼
夹入用100%纯牛肉制成的汉堡牛肉饼。最后可以在肉饼上放上液体状奶酪。

调味
番茄酱、芥末、蛋黄酱以及烧烤酱汁等。

生的蔬菜
用厨房纸完全擦掉水分后夹入汉堡中。

炭火烤制的食物带有一股野生风味

用炭火烤圆面包再夹入培根和洋葱就能做出户外特有的豪爽汉堡。制作这道料理的关键在于把圆面包烤得香喷喷的！家庭露营或多人一起露营时，准备好各种各样的食材用铁板烤好，然后大家各自选择喜欢的食材夹入，做一份自己原创的汉堡，这也非常有意思哦！汉堡中的牛肉饼可以用其他肉代替，我比较推荐排骨肉、羊肉或者蒜泥虾仁。用小锅炸一些冷冻的薯条搭配着吃也不错哦。

PART1 food 014 制作美味的杯面

简易食谱　单人露营　配备菜谱

杯面有无限种可能性！

搭帐篷前想要先填个肚子，登山后要吃午饭，这些状况下都没有办法做饭，这时泡面的地位就显得举足轻重了。泡面直接吃也很好吃，但下些功夫会更美味哦！泡面的关键在于汤，你需要选择味道朴素的汤底以及喜欢的汤料，还要把汤的浓度调整到自己喜欢的程度。你可以尝试各种口味，从中找到自己喜欢的味道。如果泡面中的汤包和粉包是单独包装的，你还可以用热水泡完面后把水倒光，然后加入汤包和粉包做成拌面。

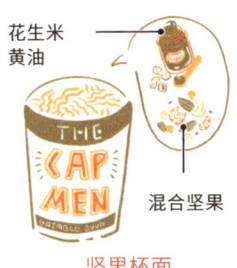

坚果杯面
- 花生米黄油
- 混合坚果

奶酪玉米杯面
- 液体状奶酪
- 玉米罐头

蛋黄酱鸡蛋杯面
- 鸡蛋
- 蛋黄酱

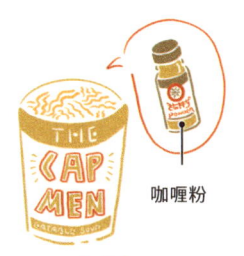

咖喱杯面
- 咖喱粉

牛奶杯面
- 牛奶

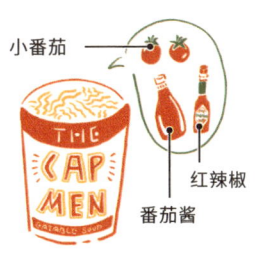

辣！番茄杯面
- 小番茄
- 红辣椒
- 番茄酱

27

PART 1 Food 015

用石板烤出极品牛排

用石板烤出的食物之所以美味要归功于长波红外线

爱吃肉 | 特色食谱 | 篝火炭火食谱 | 野外食谱 | 石头

石板烤红薯加上石板烤牛排，石板烤出来的食物光是看着就很美味……这种烹饪方法在日常生活中很难实现，然而在户外却可以轻松做到！石板发出的长波红外线可以将食材从内侧开始加热，所以即使是牛排也能烤得很嫩。

找一块平坦石板架在炭火和网上烤，等石板热了就可以开始烤肉了。潮湿的石板一经加热可能会有碎裂飞散的危险，所以请选择干燥的石板。

牛排恢复常温后撒上胡椒盐。

石头
请用平坦干燥的石头，石头的中心部分也必须是干燥的。

石头变热后，把肉放上去。

PART 1 food 016

加个罐头做成简单的下酒菜

下酒菜　配备菜谱　单人露营

＋ 沙丁鱼味噌煮罐头

用醇厚味噌调味的沙丁鱼罐头搭配奶酪非常合适。将沙丁鱼罐头倒入平底煎锅中，加入液体状奶酪加热，最后撒上大量五香粉即可。

＋ 青花鱼罐头

连里面的鱼骨头都很软很好吃。与青花鱼相比，青花鱼罐头的营养价值更高。无论是放入大米中煮成饭还是放入味噌汤后食用，味道都绝佳。

＋ 烤鸡肉罐头

烤鸡肉罐头味道浓厚，可以加入一些味道清淡的食物中和味道。例如可以搭配牛油果或切片焯熟的洋葱中和味道，也可以拌入木棉豆腐食用。

＋ 午餐肉罐头

午餐肉只需表面烤至酥脆就已经足够美味，但不妨试看把青椒和竹笋切成细丝，搭配午餐肉做成一道青椒肉丝料理。

用得上的罐头列表

鱼贝类　青花鱼・沙丁鱼・牡蛎・蛤仔・油渍沙丁鱼
肉　类　咸牛肉・炖牛肉・辣味香肠・牛舌・烤鸡肉
蔬菜类　芦笋・橄榄・金枪鱼・玉米・西红柿・豆子
水果类　橘子・樱桃・黄桃・芦荟・芒果・苹果

※请勿用明火加热罐头。

再一次向各位介绍　罐头到底有多么便利

罐头的保质期很长，所有常温下放置的罐头都可以用于制作户外料理！罐头不仅能直接食用，有时还可以把它当成调味料，所以我十分推荐大家带上几个罐头去露营。

另外，把家中快要过期的用于防灾应急的罐头带去户外"消灭"也是一个不错的习惯。可以每年定期"消灭"，这样就不至于忘记，而且还能把这个过程当作一次灾害发生时的料理烹饪训练。

PART 1 food 017

寻找美味的熏制食材

下酒菜　配备食谱　DIY

瓦楞纸制成的熏烤装置。

烟熏木材。不同木材烧制时会散发出不同的香味。

用纸箱就能制作熏烤装置

　　烟熏的气味和烟雾总是令人担心，不过也只有在宽敞的露营地才能享受到烟熏的乐趣。虽然市面上也有专业的烟熏装置，但用纸箱做熏烤装置其实非常简单。

　　纸箱做的烟熏装置用完后可以折叠了带回去，不过纸箱上会沾上味道，所以我建议下次用时换一个新的纸箱。另外，烤网和木屑要常备。如果想把大块肉吊起来做成培根，也就需要选用较长的大纸箱，挂上钩子就可以把肉吊起来了。

烟熏装置的制作方法

1 用胶条将纸箱粘牢,用裁纸刀在正面切出一扇门的样子。

2 纸箱中央装上烤网,在网上放上食材。

3 点燃烟熏木材或木屑后,用手扇风,等到冒烟后将木材或木屑放入耐热铝制容器或金属碗中。

4 关上门让烟雾弥漫整个纸箱,整个过程需耐心等待1~2个小时。等到木材的香味沁入食材内,食材变成茶色即可!

必备工具
- 纸箱(例:橘子纸箱)
- 烤网
- 烟熏木材或烟熏木屑
- 打火机
- 金属碗或耐热铝制容器

烟熏食材排行榜

第1名 混合坚果
核桃和杏仁熏制后会变得香喷喷的,很适合给成人当下酒菜,加入干果一起熏烤也很可口。坚果类容易从网上掉下来,请把它们放进杯子里烤。

第2名 奶酪
建议往精制干酪和卡蒙贝尔奶酪上撒大量黑胡椒。卡蒙贝尔奶酪很容易溶化,所以熏烤前可以不用切开。

第3名 童星点心面
熏烤后,童星点心面的香味会更加浓郁,温热的口感也很不错,搭配啤酒一起食用让人停不下嘴。除此以外,许多零食在熏烤后也会变得很好吃,你不妨试试看。

第4名 三文鱼&柳叶鱼
三文鱼刺身和柳叶鱼熏制后很适合搭配日本酒当下酒菜。柳叶鱼也可以选用柳叶鱼干。熏烤生鱼肉请选在夏天以外的季节。

第5名 香肠&培根
虽然香肠和培根本身就是熏制品,但经过二次熏烤后香味会变得更加浓郁。从熏制块状肉到熏制培根,习惯后都会想要尝试。

第6名 水煮蛋
熏烤前,建议先把鸡蛋煮成半熟然后剥壳。如果你想一点点慢慢享用,水煮的鹌鹑蛋会比较方便。

其他……
鸡翅、洋葱、牡蛎、章鱼、鱼白和鸡肉火腿也很不错。

PART 1 food 018

在阳光下晒蔬菜浓缩精华！

晒干后，蔬菜的美味就会紧紧浓缩在一起

特色食谱　自制食材　爱吃蔬菜

晒干的蔬菜也令人上瘾，不含水分，味道更加浓郁和可口，独特的口感更是令人爱不释手。晒蔬菜适合在晴朗有风的天气下进行。冬天的温度低，蔬菜干得快，短时间内就能晒好。在露营地晒干的蔬菜可以直接用来做菜，还可以把露营中没吃完的蔬菜晒干了带回家。如果晒得好，可以在温室下原样保存，减小体积，方便下次露营时携带。

用来沥干餐具水分的网

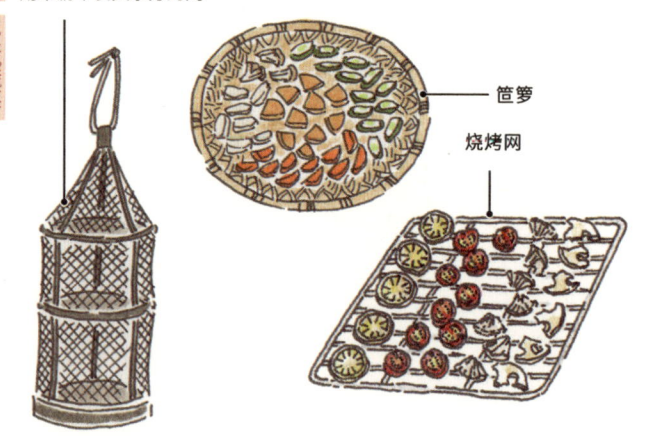

笸箩

烧烤网

三种制作蔬菜干的工具

晾晒蔬菜时必定会用上盛放蔬菜的网状工具。工具底部积水会导致发霉，所以需要选用正面和侧面都能通风的晾晒工具。如果有专用的网，晾起蔬菜干来确实很方便，但户外用来晾干餐具的网同样也适用。你也可以用烧烤网和竹篓自制一个晾晒工具。

但需要注意蔬菜在晾干过程中体积会逐渐变小，如果网格过大，蔬菜就会从缝隙掉下去。

做成腌菜
把黄瓜和白萝卜切成薄片晾晒，晒干后浸泡在腌菜汁里就能立刻做成一道腌菜。

做成汤
胡萝卜、洋葱和西红柿等蔬菜晒干后做成汤，食材的香味融入汤里，味道会比平时更加浓郁。

做成炒菜
白菜、西葫芦、彩椒等蔬菜晾干水分后味道能够更好地渗透出来。在晾之前请把它们的叶子剥掉。

做成煮菜
红薯、南瓜、莲藕等蔬菜的根能一下子冒出甜味来，清甜又可口。我推荐你使用先炒后煮的方法烹饪这类蔬菜。

水分含量少的蔬菜更适合晾晒

如果你是第一次尝试晾蔬菜，选择水分少的蔬菜可以收获百分之百的成功。菌菇、胡萝卜、南瓜和白菜等一些蔬菜可以很快晒干。

晾晒前，请注意不要让蚂蚁等一些虫子爬到蔬菜上，或者你也可以直接把网眼小的网盖起来。

保存蔬菜干需用到硅胶

晒好的蔬菜中如果还有水分就会发霉。带水分的蔬菜干可以放入冰箱保存，但请尽快食用。完全晒干的蔬菜可以和硅胶一同放入封存袋保存。

PART 1　food 019

优雅地享用新风味的烤水果

下酒菜　特色食谱　篝火炭火食谱　温热食谱

只需烤一下就会变得美味又多汁

请尝试用篝火烤各种各样的水果。
稍微烤焦的部分尝起来也是酥脆又美味哦！

黏稠可口

烤香蕉

在香蕉皮上划上一道口子再开始烤，烤至香蕉变黏稠即可。

香甜多汁

烤桃子

将桃子对半切开，取出种子，在放种子的地方放上黄油，并撒上肉桂。将桃子带皮的一侧朝下放在烤网上加热，烤至果肉变软即可。

最常烤的水果

烤一整个苹果

苹果去核后塞入黄油和肉桂棒，用铝箔纸包起来烤。

肉桂棒　　苹果

34

水果只要烤一下，甜度就会增加一倍

几乎所有水果烤完后都会变甜。烤肉和烤蔬菜的同时也烤一些水果吧。葡萄或橙子我推荐和肉交替串成串烤烤，烤好后蘸着烧烤酱吃，甜咸的口感完美交织在一起，让人欲罢不能。橘子或香蕉可以带皮烤，等到表皮烤至焦黄就可以开吃啦。

另外，水果还有软化肉质的功效，可以把调好味的菠萝或苹果与肉一起烤。

把热的水果放入红茶或红葡萄酒里食用也很美味。围着篝火烤水果，把水果放在蛋糕上当早饭吃……烤水果的乐趣多种多样。

和奶酪的咸味是绝配！

烤芒果热三明治
用烤好的芒果和液体状奶酪做成热三明治。

颜值也超高！

菠萝牛排
牛排和罐头菠萝放在一起烤。口感温热且酸甜味更加浓郁。

香味更浓，口感更醇厚！

橙子炖猪肉
猪肉块和橙子放在一起炖。橙子换成加州梅或杏子做出来的味道也不错。

PART1
food
020

学做终极棉花糖甜点『斯摩尔』

零食　下酒菜　篝火炭火食谱

做法

用篝火烤大块的棉花糖直至表面变成茶色，然后用两块格雷厄姆饼干夹上巧克力块和烤好的棉花糖即可。

篝火+树枝

用户外特有的方式将棉花糖扎在树枝上。树枝要选择不会烫手的长度。

味道好到想说一句：我还要

露营时人们最常吃的甜点是斯摩尔。用两块格雷厄姆饼干夹上巧克力块和围着篝火烤的棉花糖，斯摩尔便完成了。正如斯摩尔（S'more）的名字来源"some more（我还要）"那样，吃着烤溶化了的棉花糖，简直让人忍不住要喊一句"some more（我还要）"！其口感和普通的棉花糖完全不一样，所以即便是不喜欢吃棉花糖的人也请一定要尝尝看！建议把棉花糖烤得脆脆的，最好烤到和焦糖一个颜色。

不同搭配的斯摩尔

❶ 换成不同的饼干

黑色饼干
配上微苦的饼干后整体的口感就不会过甜。这种微苦的口感非常适合搭配咖啡一起食用。

酸味椒盐饼干
咸甜的平衡控制得刚刚好,符合成年人口味。可根据个人喜好添加胡椒。

巧克力饼干
不仅好吃,还能省去夹巧克力的工夫,简直是一举两得。

❷ 做成下酒菜

柿子籽斯摩尔
平底煎锅中放入棉花糖溶化,放入柿子籽继续加热即可。类似柿子籽巧克力的甜辣味,让人上瘾!

奶酪棉花糖烤串
将卡蒙贝尔奶酪和棉花糖交替串成串烤,烤到两者都变黏稠后即可食用。

培根卷棉花糖烤串
将棉花糖用培根卷起来串成串烤烤。咸甜的口感让人欲罢不能!

❸ 制成热饮

朗姆酒斯摩尔茶
用牛奶煮红茶做成奶茶,加入朗姆酒和烤好的棉花糖。

斯摩尔咖啡
在热咖啡里放入烤好的棉花糖,制成一杯口感柔滑香甜的热饮。

PART 1 food 021

享用篝火烤出来的极品下酒菜

下酒菜　简易食谱　篝火炭火食谱

围绕着篝火，不由自主地就想要烤东西

　　露营的精髓在于篝火。如果手头正好有酒，用篝火烤个下酒菜简直棒极了！篝火烤的下酒菜不仅热乎，还带着烟熏的香气，美味绝伦。一边转动烤串一边掌握火候，这个过程可太有意思了！

　　不过篝火容易把食物烤焦，所以我比较推荐烤一些可以生吃或者快速烤一下就能吃的食物。请准备好长签串以防烫到手，也请尽情享受烤下酒菜的过程。

绝品！和酒超搭的烤下酒菜

烤一些剩下的食材和小菜会比较轻松，但是如果想稍微讲究一下，可以准备以下食材。

奶酪是新鲜的哦！

年糕可黏糊了！

柳叶鱼芝士
烤柳叶鱼（晒干的海水鱼等干货也可以），撒上芝士粉和海苔。

年糕培根
将年糕切成四等份，卷上培根，撒上黑胡椒烤。

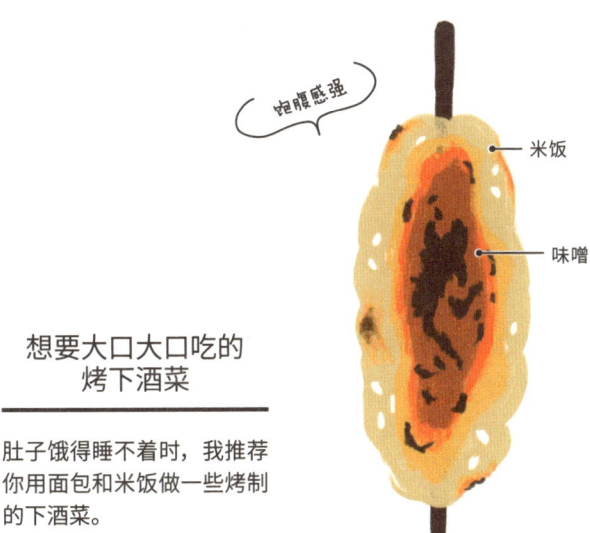

想要大口大口吃的烤下酒菜

肚子饿得睡不着时，我推荐你用面包和米饭做一些烤制的下酒菜。

饱腹感强

松松脆脆 香喷喷

— 米饭
— 味噌

烤米饼
用水湿手捏米饭，将米饭黏到较粗的棒子上，涂上味噌烤至锅巴状即可。

培根面包
将培根折叠塞入常规款面包，烤过后口感会更加松脆！加入黑胡椒和芥末味道也不错。

PART1 food 021

PART 1 food **022**

按照自己的喜好烘焙咖啡豆

饮品　特色食谱　篝火炭火食谱

烘烤器
如果用篝火烤，一定要选择把手长一些的烘烤器避免烫伤。还可以备上劳保手套或耐热手套。

提前挑选好生豆
生豆上可能有虫蛀、伤痕或者裂纹，需提前把不要的豆子挑出来，做出的咖啡味道会更佳。

均匀受热
烘烤器抬高一些避免其直接接触火源，左右摇动烘烤器使咖啡豆均匀受热。

用明火烘焙　香味会更加浓郁

露营时如果能喝上一杯现磨的咖啡简直不要太幸福！如果你也这样想，请务必试着自己烘焙咖啡豆。用篝火把生豆烘焙成自己喜欢的味道，喝咖啡时就能体会到两倍的幸福感。虽然也可以用雪拉杯来烘焙生豆，不过我更推荐用烘烤器，因为烘烤器的网眼可以筛掉一些不需要的生豆皮。刚开始时会手生，没法按照自己的喜好进行烘焙，不过慢慢地你就能掌握窍门，像做实验那样享受一步步掌握烘焙技术的整个过程吧。

浅度烘焙	中度烘焙	深度烘焙
烘焙时间为7~9分钟	烘焙时间为10~11分钟	烘焙时间为12~13分钟
口感柔软，酸味强，果香浓郁。 	味道温和，苦味和酸味的平衡把握得刚好。可用于制作拿铁。 	味道浓郁且带有苦味，像苦巧克力。 

烘焙技巧

❶ 听咖啡豆爆裂的声音

判断烘焙程度的标准是听豆子发出的"噼里啪啦"的爆裂声。最初听到的爆裂称为"一爆"，"一爆"声停止前为浅度烘焙；第二次爆裂称为"二爆"，"二爆"声停止前为中度烘焙。

❷ 看颜色、闻香味

可根据豆子颜色的深浅和香味判断烘焙是否结束。过渡到深度烘焙阶段时，豆子的表面会渗出油，因此也可以通过观察光泽来判断。

❸ 充分冷却豆子

烘焙结束后，要立即用扇子给豆子扇风使其尽快冷却。此处需注意的是如果用热的豆子继续烘焙将会造成香味的流失。

相同的豆子在不同的烘焙阶段会产生不同的口感

即使是同样的豆子，味道和香味也会根据烘焙时间的长短发生变化，烘焙时间越长，苦味越浓。浅度烘焙的咖啡豆中含有更多的咖啡因，这是因为咖啡因不耐高温。白天想要精力充沛，可以选择浅度烘焙的咖啡豆，深夜则可以选择烘焙时间较长的。

烘焙好的豆子经常会出现外面已经焦了，里面却还是生的情况，因此成功烘焙豆子的诀窍在于使用远火慢慢地烤。浅度烘焙的加热时间少，豆子很容易受热不均，需要特别注意。我比较推荐新手从深度烘焙开始尝试。

另外，烘烤器不仅能煎咖啡，还可以用来烤银杏和坚果，是制作下酒菜的好帮手。

品尝北欧风咖啡

PART 1
food
023

饮品　野外食谱　温热食谱　北欧风

可爱的库克萨

库克萨是拉普兰的萨米人祖先传下来的木杯,用白桦的凸起部分制作而成。不同的白桦拥有不同的纹理,而且越用越有味道。用库克萨喝咖啡能够体会到一股北欧风味。

可用明火加热的咖啡壶

这种咖啡壶在用篝火加热时可以直接接触火源,但要提前确认把手的材料是否耐高温。煮完后还需要对壶内的饮品进行搅拌,所以选用壶口大的会比较方便。

户外备受欢迎的一款咖啡

20 世纪 60 年代研发出了滴漏式咖啡。在此以前,人们普遍喝的是瑞典的一款被称为"Kokkaffe"的煮咖啡。由于野外工作的人经常喝这款咖啡,所以它也被称作"田野咖啡"。

田野咖啡的口感与滴漏式咖啡不同,它充满了一种野外的趣味,非常适合在露营时喝。如果用上专门的咖啡壶和杯子,还能锻炼使用工具的能力,这也不失为一种乐趣。咖啡的泡法各式各样,请多多尝试各种不同的泡法。

寻找自己喜欢的咖啡泡法

咖啡的基本泡法如下：一开始请尝试用这个方法泡咖啡，泡好后尝一尝味道看是否喜欢。

❶ 咖啡壶中倒入热水烧开，关火后倒入咖啡粉（每 240 毫升水加入 20 克咖啡粉）。

❷ 开火二次加热，在沸腾前取下。

❸ 盖上盖子等待 5 分钟左右。

❹ 倒入杯中，注意不要把壶底的粉末也一起倒进去。

用这个方式泡的咖啡苦味会比用过滤器过滤的咖啡更强更浓，由于咖啡豆中含有的油分被大量萃取出来了，泡好的咖啡不仅口感十分醇厚，还散发着一股咖啡自身的清香。

除此以外，还有许多各式各样的泡法，如放入咖啡粉后不煮沸，又如延长萃取油分的时间，还可以在最后一步倒入一杯水产生温差，然后用温差引起对流进行萃取。另外，在咖啡中放入少许盐还可以使酸苦的口感变得丝滑。

如果煮咖啡的时间太长或者大火煮，咖啡的香味就会消散，剩下的只有苦味，所以请勿煮过头。

另外，如果用过滤器和滤茶器过滤煮好的咖啡，咖啡的油分会减少，口感也会随之变清淡。你可以用慢慢倒入的方式代替过滤，倒的时候注意留下壶底沉淀的粉末，不要一口气全部倒入。

一旦习惯了喝这种带有野外风味的咖啡，再喝咖啡时便会上瘾般觉得非它不可。

利用离心力使粉末下沉
还有一种沉淀粉末的方法：像钟摆一样慢慢摇咖啡壶。待所有粉末都沉入底部后，轻轻地将咖啡倒入杯中。

二次煎焙、三次煎焙
往咖啡壶里剩下的粉末倒入水二次煎焙后饮用。味道虽不如第一次煎出的咖啡浓厚，但口感却十分温和。

PART 1 food 024

喝杯印度香料茶温暖身心

饮品　香料　特色食谱　温热食谱

做出地道的香辣口感

去露营时，大家一般都会选择喝咖啡，不妨偶尔也喝点红茶吧。"印度香料茶"（Masala Tea）是往红茶中加入香料煮成的一种印度奶茶，口感辛辣且香味醇厚，非常适合在提神醒脑时来一杯或在玩累时以恢复体力。

虽然市面上也能买到专门的混合香料，用起来非常方便，但还是请分开买，这样就可以按照自己的喜好来搭配。还可以把自制的香料放入小袋子里送给露营的伙伴，也很有意思。

从弄碎香料开始

香料茶中推荐放入的香料有四种：肉桂棒、八角茴香、小豆蔻和丁香。香料集齐后统一放入密封袋，然后用石头和擀面杖稍微弄碎。碾碎香料再煮比直接煮更香，味道也会更好。顺便一提，肉桂棒需提前折成两半。

印度香料茶的制作方法

材料（2杯的分量）

肉桂棒…1根
八角茴香…2颗
小豆蔻…2粒
丁香…3粒
生姜片…2片
红茶叶…5克（或者1个茶包）
水…200毫升
牛奶…200毫升
砂糖…1/2大匙

做法

1. 锅中放入茶叶和弄碎的香料煮沸。
2. 沸腾后倒入牛奶，煮5分钟左右至再次沸腾。
3. 关火放入砂糖搅拌，最后用滤茶器过滤。

PART 1 food 025

热葡萄酒

一边喝着温热的酒 一边与人闲聊

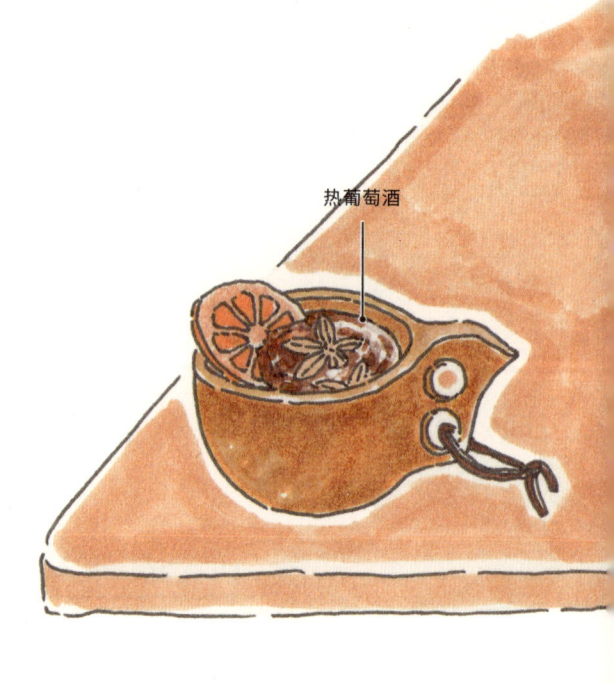

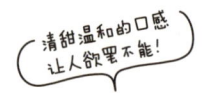

饮品　特色食谱　香料　温热食谱

清甜温和的口感 让人欲罢不能！

热牛奶酒

材料（2人份）

日本酒…100毫升
牛乳…200毫升
砂糖…2大匙
肉桂粉…根据个人口味添加

做法

1. 雪拉杯里放入牛奶和砂糖加热，使砂糖溶解。

2. 倒入烧开的日本酒，在沸腾前取下雪拉杯。

3. 根据个人的口味和喜好撒上肉桂粉。

身心都暖起来！打开话匣子的热饮

露营的夜晚意外地冷啊……这时候如果喝啤酒会冻得难受，若是能喝上一些温热的酒身体就会暖和起来。

不仅日本酒、葡萄酒、朗姆酒和白兰地，世界各地也会热啤酒喝，但如果热过度了，啤酒的酒精就会消散，所以热啤酒的诀窍就在于不煮沸。一边小口地喝着温热的酒，一边享受露营的漫漫长夜吧。

黄油热朗姆

热牛奶酒

黄油热朗姆

> 黄油的香醇加上符合成人口味的朗姆酒的香味。

材料（2人份）

水…120毫升
砂糖…1小匙
麦芽糖…45毫升
黄油…10克
肉桂棒…2根

做法

1. 锅中倒入水煮沸，倒入砂糖溶解。

2. 将锅取下后倒入朗姆酒，加热后倒入杯中，再加入黄油。

3. 用肉桂棒搅拌着饮用。

热葡萄酒

> 口感辛辣，合适搭配巧克力食用。

材料（2人份）

红酒…200毫升
蜂蜜…2大匙
丁香…2颗
八角茴香…1颗
肉桂棒…2根
柠檬（切成圆片）…2片

做法

1. 锅中放入红酒、蜂蜜、丁香、八角茴香、肉桂棒加热，沸腾前关火。

2. 倒入杯中，加入柠檬片。

PART 1 food 026

做出你人生中最美味的烤红薯

零食　篝火炭火食谱　温热食谱　石头

用大火慢烤
将红薯用铝箔纸包好放进去，需放在离木炭稍微远一点的地方。然后烤30~40分钟，边烤边观察情况。烤之前如果先用湿报纸或湿的厨房用纸包好红薯，再在外面包一层铝箔纸，烤好的红薯的口感会更加湿润。

用石头烤
锅中铺满石头后放入去皮的红薯，盖上盖子后烤1~1.5小时，这样烤出的红薯会更甜。石头可选择烤红薯专用的石头或者园艺中用到的鹅卵石。

制作简便又好吃的零食

只要一生火就想吃烤红薯。好不容易做一回烤红薯，一定得讲究点，得把它烤得很美味！烤红薯的关键在于低温慢烤，低温可以烤出红薯的水分，还能使红薯的甜味渗出来。烤制过程中一定要翻面让红薯均匀受热。红薯有许多种类，如果你想吃粉糯的烤红薯，建议用红嫣芋蔓烤；如果你想吃湿润黏稠的烤红薯，我比较推荐安纳芋和红东。

不同粗细和大小的红薯烤起来需要不同的时间，所以烤的时候请密切关注进程。

PART 1 food 027

一举两得！一边玩耍一边做冰激凌

零食　和小朋友一起　清凉食谱

利用食盐的力量

往冰上撒盐，冰融化的速度会变快。这是因为加入盐后，可以加快冰夺走周围的热量的速度，温度甚至可以下降到零下几摄氏度。因此可以利用盐的这一特性在短时间内冷却啤酒。

材料

牛奶…150毫升
鲜奶油…50毫升
砂糖…50克
冰…适量
食盐…200克

工具

- 茶叶筒大小的空罐子
- 能装下约奶粉罐大小的内装有小空罐的大空罐（大罐与小罐直径需相差3厘米以上）
- 保鲜膜
- 橡皮筋
- 布胶带
- 缠罐子的毛巾

总之踢罐子就行了

在小罐里放入牛奶、鲜奶油和砂糖，用保鲜膜和胶带牢牢黏住，必须确保里面的液体不会洒出来，然后把冰和食盐放入大罐子里盖上盖子。这便是冰激凌制造商的手法。给罐子裹上毛巾，然后像足球一样不停地将它踢来踢去，在这个过程中冰会融化，冰周围的物体的温度也会随之下降，这样一来牛奶和砂糖就会均匀混合在一起变成冰激凌。

你还可以在冰激凌中放入可可粉或坚果作配料。

PART 7

food 028

寻找喜欢的爆米花口味

零食　亲子　配备食谱

吃吃看！到底哪个更符合你的口味

手工制作的爆米花非常适合做成零食和下酒菜。在做的过程中，你不仅可以欣赏到爆米花在平底锅里"噼里啪啦"乱蹦的有趣景象，还可以享受给爆米花调味的过程。

做法十分简单！在平底锅中倒入大量色拉油或黄油，放入玉米粒后盖上盖子，然后一边加热一边持续摇晃平底锅，等到锅内不再发出噼噼啪啪的爆裂声就可以了。开盖时要小心爆米花弹出来。

芝士口味
撒上芝士粉和食盐

辛辣口味（一不小心就会吃多）
撒上咖喱粉和食盐

奶糖口味（松松脆脆甜甜的！）
棉花糖加热后加入爆米花中

玉米汤口味（让人欲罢不能）
撒上玉米汤的原料

黄豆面口味（口感温和清甜，令人怀念）
撒上黄豆粉和撒糖

海带茶口味（做茶点也不错）
撒上海带茶粉

做法

1. 准备一个用来卷面团的棒子。棒子的直径即为蛋糕卷空心部分的大小，请选择竹筒等较粗的棒子。
2. 在棒子中心部分包上铝箔纸，然后插入用松饼预拌粉揉成的面团。
3. 弄掉多余的面团后，放到篝火或炭火上边转边烤。
4. 等面团表面烤至焦黄时，再添上一层面团继续烤。
5. 面团会越来越大，等到大小差不多以后放在一旁静置，等到余热消散后就可以把它从棒子上取下来。

> 不停地转转转！

PART1 food 029

零食　亲子　篝火炭火食谱

用明火烤蛋糕卷

用松饼预拌粉做的幸福零食

做蛋糕卷时一般会用特殊的烤箱来烤，但如果是在户外，可以用明火代替。人们大都认为蛋糕卷的做法源于把面团缠在木棒上烤，所以我介绍的这种做法可以说是一种更接近原生态的做法。整个过程需要花费大量时间和精力，如果你能耐心地烤到最后，一定会收获一份满满的感动！

在面团里放入抹茶粉，就能烤出一个漂亮的抹茶色蛋糕卷。在蛋糕卷外层裹上一层糖霜味道也很不错哦。

PART 1 food 030

烤出绘本中那样松软的蜂蜜蛋糕

零食　铸铁锅　亲子

松松软软无敌美味的蜂蜜蛋糕！就像绘本中画的那样

我想向你推荐这款户外零食——蜂蜜蛋糕，只需鸡蛋、牛奶、砂糖等简单的材料就能制作完成，尝起来有一股怀旧的味道。蜂蜜蛋糕的口感十分温和，会忍不住想要把它分给不同的人品尝。

要想做出松软的蜂蜜蛋糕，必须充分搅拌蛋白酥至硬性发泡，还必须得用小火慢慢地烤。认真对待每一道工序才能做出柔软的蜂蜜蛋糕。

松软蜂蜜蛋糕的制作方法

材料（1个直径为22厘米的蛋糕的量）

鸡蛋…4个
食盐…一撮
精制白砂糖…80克
低筋面粉…120克
发酵粉…5克
牛奶…30克
色拉油…20克

工具

- 直径为22厘米的带盖的锅（如炉子、铸铁锅）
- 起泡器
- 碗
- 橡胶刮刀
- 料理纸

做法

1. 将鸡蛋的蛋清和蛋黄分开装入碗中。

2. 蛋清中加入食盐，用起泡器充分搅拌至硬性发泡。

3. 蛋黄中加入精制白砂糖，用起泡器搅拌至变白。

4. 变白的蛋黄中放入低筋面粉和发酵粉，换成橡胶刮刀继续搅拌，加入牛奶、色拉油继续搅拌。

5. 加入1/3打好的蛋白酥，在不破坏泡沫的情况下，一边上下翻转一边搅匀，充分溶化后再加入剩下2/3的蛋白酥搅拌融合。

6. 锅中铺上一层料理纸，倒入面糊。敲打锅底排除所有空气，盖上盖子用小火加热。

7. 加热25分钟后，用竹签插一下确认是否烤熟。

8. 烤好后翻面继续烤2~3分钟。

PART 1 food 031

制作口味丰富的新鲜黄油

亲子　配备食谱　自制食材　早餐

放入塑料瓶中摇晃即可!

和小朋友一起快乐地做!

新鲜出炉的黄油柔软又香甜

你应该也想把制作露营餐点这件事情当成露营中的一个乐趣来享受吧。在此向你介绍小朋友也能参与制作的食物——黄油。新鲜出炉的黄油口感既醇厚又松软,搭配着面包或者土豆一起吃就足够好吃了。

加入不同的食材可以做出各种不同风味的黄油。香草黄油适合搭配肉类一起享用,你还可以把它放到牛排上一起吃。葡萄干黄油和坚果黄油只需往黄油中加入各自的食材就能制作完成,适合搭配酒一起享用。

松软黄油的制作方法

材料

鲜奶油（脂肪含量40%以上）
　…1盒（200毫升）
食盐…2克

必备工具

- 500毫升的塑料瓶
  （带盖子）
- 刀具

做法

1. 将塑料瓶洗净晾干，放入鲜奶油和食盐。
2. 不停地摇晃塑料瓶（5分钟左右）。
3. 待水分和黄油分离即为制作完成。
4. 拍打塑料瓶使黄油沉至瓶底，用小刀将塑料瓶从中央切开，取出黄油。

※分离出的液体是乳清（乳浆），营养值极高，可以代替水用来烤薄煎饼，也可以放入牛奶或果汁中食用。

PART1 food 031

适合放入的食材

水果干
放入葡萄干、橘皮等。还可以淋上蜂蜜。

草药
放入切碎的薄荷、百里香、鼠尾草、香菜等。

柠檬皮
放入搓好的柠檬皮。可以搭配薄煎饼和威士忌一起食用。

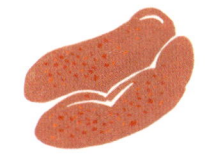

明太子
放入去皮的明太子。可以涂在吐司上烤着吃。

混合坚果
放入碾碎的混合坚果。口感酥脆可口。

55

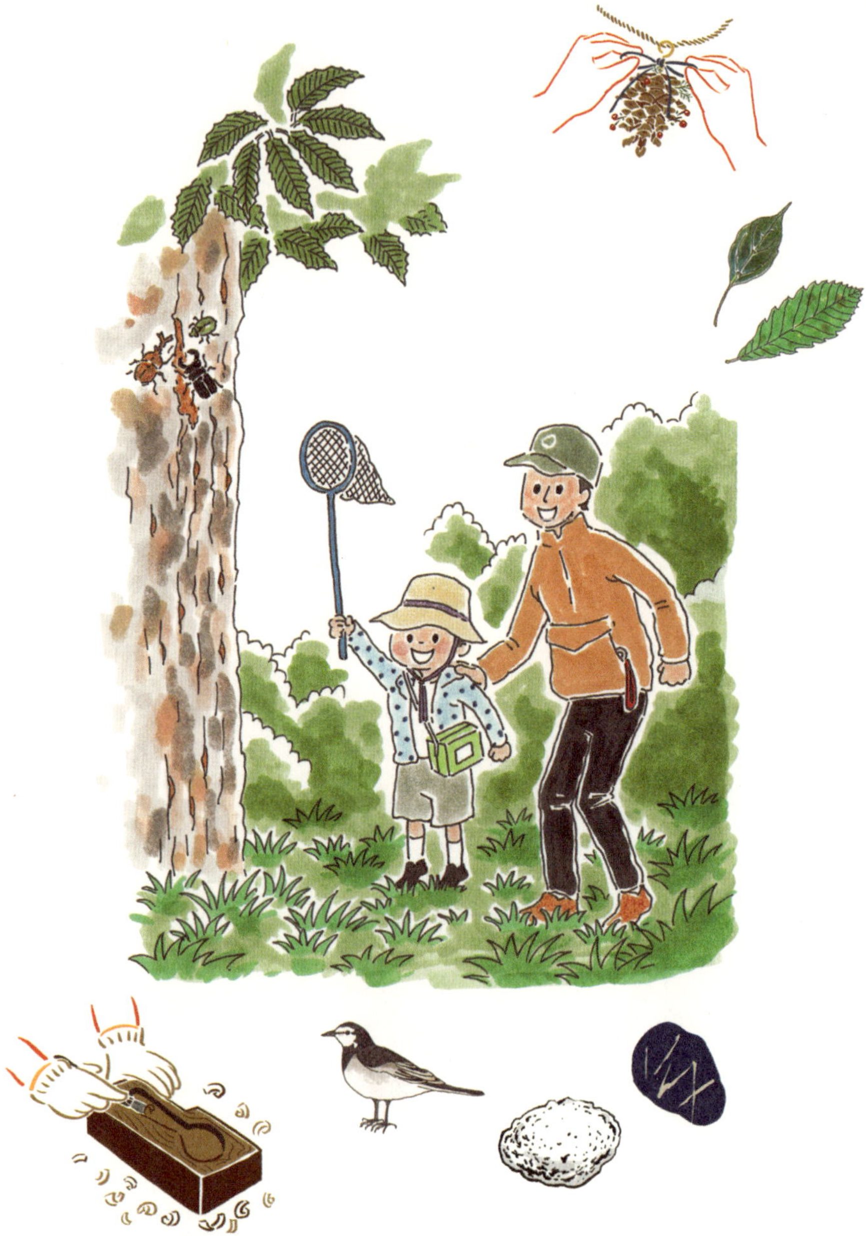

PART 2
在露营中畅玩

recreation

搭好帐篷后要做些什么呢?

悠闲度日是挺不错的,

但也可以挑战一些只有在露营中才能体验到的娱乐方式。

要试试看吗?

大自然为我们提供了每个季节专属的娱乐方式,

体验过后,

一定会成为一段难以忘怀的回忆!

PART 2
recreation
032

露营地掉落的各式各样的树叶

自然观察　植物　亲子

通过树叶的形状分辨树木

观察树木、玩树叶……只有在露营地才能享受到这些大自然带来的乐趣。认真观察花草树木，你将收获许多日常生活中学不到的知识。首先就从捡落叶，然后搞清楚它们究竟属于哪种树木开始吧。你可以翻书慢慢查阅，也可以用专门辨别植物的软件一键查阅。另外，你可以把叶子贴在笔记本上，把不同的露营地中的叶子分别做成树木图鉴，这个过程很有意思。不仅限于树叶，你还可以把橡子之类的果实捡起来做成标本。

常青树
一年四季常青，即使入冬了叶子也不会一下子全部掉光，而是一点一点进行更替。

金桂
一到秋天就会开出橙色的花朵，香气扑鼻，花朵可以用来泡茶。

樟树
叶片硬而有光泽，能结出像蓝莓一样小而黑的果实。

杉木
油分含量高易燃烧，可用于生火。

落叶树
秋天一过树叶就会全部脱落，到了春天又会长出新芽。可以欣赏到满树红叶的美丽景象。

樱花树
樱花树的嫩叶用盐腌制后可做成料理。樱花树虽美，但要小心春季的毛虫。

银杏
银杏叶可以用来装饰料理，干银杏叶还可以用来防虫。

山毛榉
树木耐冲击性强，也被用作家具的木材。其实加热的话可以吃。

枹栎
会结出橡子。春天会开出尾状的花朵，花朵会从树枝上垂下来。

58

用树叶来做游戏吧

❶ 制成艺术品
把收集好的不同形状和颜色的叶子贴在画纸上可以做出动物或风景的形状。把叶子用线串成一个环也很可爱。

❷ 叶屏
在树叶上放上一张复印纸，然后用彩色铅笔涂抹树叶，叶脉和树叶的形状便会浮现在复印纸上。涂抹时要注意倾斜笔身，摩擦时动作要轻。

❸ 敲染
把叶片放在布上，再在叶片上放一个透明文件夹，然后用石头敲打叶片。这样一来，叶子的颜色和形状就会印到布上。并非所有叶片都能够成功印到布上，请你自己动手试试看吧。

PART2 recreation 033

聆听鸟鸣、观察鸟儿

自然观察　鸟　亲子

山里和森林中的鸟

山里和森林中的鸟都有各自喜欢的树木，所以可以通过它们常吃的果实或者树木的种类来寻找它们的身影。

白腹蓝鹟（鹟科）
沿着森林和溪谷就能看到的一种夏季候鸟。雄白腹蓝鹟的背部呈美丽的琉璃色，由此也得名"琉璃鸟"。

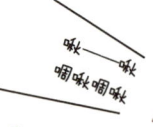

银喉长尾山雀（山雀科）
栖息于山毛榉和落叶松树林中，以虫子和蜘蛛为食，偶尔也喝树液。体形纤小，尾巴长而漂亮。

旋木雀（旋木雀科）
栖息于米铁杉和大白桦等针叶树林中。它可以绕着树木螺旋方向行走，由此得名"旋木雀"。

竖起耳朵聆听

在露营地过夜时常能听到各种鸟鸣,但只闻其声却不见其形,究竟是什么鸟呢……不妨试着捕捉一下这些鸟叫声都有什么样的特征。初春是恋爱的季节,能够听到更多的鸟鸣。本书介绍的鸟类只是其中一小部分,露营地附近还能看到很多其他种类的鸟儿,你可以对照收集鸟叫声的网站或者应用软件来判断到底是哪种鸟。

另外,如果你想知道鸟到底长什么样的话,可以带上 8 倍望远镜。8 倍望远镜容易捕捉动态物体,视野也很宽广,非常适合初学者。不仅如此,8 倍望远镜还很适合用在现场观看体育赛事。

水边的鸟

在水边你可以观察到来觅食或停在水面休息的鸟,水边比森林里更容易看到鸟。

白鹡鸰(鹡鸰科)
栖息于河岸、田穗和海岸等地,以虫子为食。鹡鸰科鸟类的尾部常上下有规律地摆动。

冠鱼狗(翠鸟科)
栖息于溪流和湖泊,头具显著羽冠。常跳入水中捕鱼并将鱼一整个吞下。

苍鹭(鹭科)
栖息于稻田、湿地和滩涂等地,常行走于水中捕食螃蟹和鱼。虽然取名为苍鹭,其毛羽却呈灰色。

PART2
recreation
034

治愈身心的最佳方式——森林浴

自然观察　植物　放松

呼吸芬多精　好好放松一下

　　芬多精指的是由树木分泌的一种挥发性物质。植物一旦受到伤害就会分泌这种具有杀菌效果的物质防御侵蚀。

　　据说芬多精有平静内心、放松身体的效果。德国将森林浴作为一种医疗手段医治患者，而"**森林浴（shinrinyoku）**"还成了美国的一个热词。

进一步享受森林浴

光脚

光着脚踩在草地或土壤上,用脚底去感受大地。脚平常由鞋子包裹着,一旦裸露便能十分灵敏地感知大自然,同时还能刺激脚部的穴位,真可谓一举两得。

躺下

望着流动的云彩为之动容,耳畔萦绕着沙沙作响的树叶声,内心感到一片宁静。你还会有一种巨大的地球沿着自己的背部包裹着自己的感觉。

竖起耳朵聆听

享受森林浴的方法非常简单,只需在森林、树林、植物园或宽敞的公园里放上一把椅子和一个小桌子,抑或是铺上一层休闲用的塑料布,然后换上一身休闲的衣服安度时光即可。

请尽可能发挥你的五感,把思绪集中至周围的声音、香味和光线上,聆听鸟鸣和风声、嗅一嗅绿植的气味、看着太阳被云朵遮住又现身……或许你会从这些小事中收获幸福。做一做深呼吸让身体吸收芬多精吧,用鼻子慢慢地吸一大口气,然后再慢慢地吐出来。

要是困了可以什么也不做,也可以在附近散散步。

PART2
recreation
035

石头如是说：我身上带有关于这片土地历史的印记

自然观察　石头　亲子

拾几块河滩的石头做成标本

　　如果你仔细观察一下露营地中不经意捡起的石头，会有一些深奥的特别的发现。水质清澈的河滩上有许多美丽的石头，它们特别适合用来观察，就先从捡一些你认为颜色或形状不错的石头开始吧。把捡到的石头收藏起来就足以让人开心了，但如果能调查一下它们的花纹、形状和质感，推测它们属于什么地形和地质，或者学习一些新知识，就更能享受到露营地的自然风光带来的乐趣。

石头的种类

石头源于岩石,岩石分为"岩浆岩""变质岩"和"沉积岩"三种类型。根据捡到石头的场所和成形过程的不同还可以进行细分。

花岗岩
最常见的岩浆岩,也被称为"御影石"。

岩浆岩
由岩浆冷却凝固形成。岩浆岩中既有岩浆喷出后流到地表冷凝形成的喷出岩,也有岩浆在地壳经缓慢冷却而形成的侵入岩。

结晶片岩
多处于低温的广域变质带,具有片理纹路。

泥岩
海底沉积的泥土变成的岩石,多含有机物。

变质岩
河水冲刷下的沙子和岩石的碎片堆积而成的岩石。也有一部分变质岩是由沙子和泥土凝固形成的。

沉积岩
岩浆岩或变质岩在地壳变动、板块浮沉的条件下遭受强压和高温后变化形成的岩石。日本到处可见沉积岩。

带上它们会很方便

去捡石头时,除了要带上用来存放石头的袋子,也要带一个笔记本和记录收集场所用的标签吧。如果有地形图,还能知道上游下游的位置、河流的流向以及附近是否有悬崖和山谷。如果带上放大镜和锤子,还可以仔细观察石头的晶体以及裂口和裂纹。还有,可别忘记戴上劳保手套,这样可以避免手被割伤。

你还可以调查一下收集好的石头的种类。即使是同一条河流抑或是同一个河流交汇点,石头的出处也各不相同,它们的颜色和手感也因此有一些区别。

国家公园等地禁止收集岩石,在那里拍照即可,千万不要把石头带走。

PART2
recreation
036

成为打水漂高手

水边的娱乐活动　石头　亲子

不自觉就沉迷其中！
想比比看谁的石头弹跳的次数更多

很多人小时候应该都练习过打水漂。打水漂是一种游戏，隔段时间再尝试时会觉得深奥无比，玩着玩着就会忘记时间。打水漂的关键在于找到合适的石头以及石头的握法。比起那种"咻"的一下飞得很有气势的扔法，速度不用太快反而能飞得更远。如果是在河边玩打水漂，石头往下游扔受到的水的阻力更小，所以也能飞得更远。扔的时候要注意观察周围是否有人。

保持水面和石头处于水平状态
调整角度使石头与水面呈20度，水平摆动手臂旋转扔出。

必须掌握石头的握法
用大拇指和中指夹住石头，食指紧贴石头侧面，用食指指尖钩住石头使其固定。

平坦且重量适中
选择光滑平坦、不受风吹影响的重量的石头。有棱角的石头比圆的石头更容易握住。

66

PART2 recreation 037

凭借岩石平衡术成为水边的艺术家

水边的娱乐活动　石头　亲子

寻找更好的基底
寻找一个平坦且给人以安心感的地方当作基底，然后在上面堆石头。请避开行人多的地方，这样可以集中注意力。

选择尽可能小的支撑点
石头和石头之间尽量选择小的支撑点进行衔接，保持彼此之间不黏连在一起就能成功。石头越往上叠越需要寻找平衡范围更大的点。

就是它了！寻找合适的石头
不是石头表面平整就一定适合堆积。一边堆一边寻找使石头立起来的诀窍吧。

堆好的石头是一件艺术品

不停堆高石头的石头平衡术在日本是一项充满美感的游戏，被称为"石花"。不要以为"石花"只是简单的堆石头游戏，自然界中形状各异的石头巧妙堆叠而成的石头堆简直堪称艺术品。可以比比谁堆得更多，也可以对堆好的作品进行人气投票。堆石头时往往很难按照自己的想法进行，所以一玩起来就会沉迷其中！使用各种形状和不同大小的石头混合着堆积就能堆出平衡且具有艺术感的作品。

PART2
recreation
038

用木材自制勺子

DIY　刀具　刀　丛林生活技能

用雕刻刀或
美工刀削

木材使用柴火
或捡来的树枝

用上自制的勺子，让吃饭这件事变得更愉快

　　试着动手用小刀或雕刻刀把木材削成餐具吧！制作方法非常简单只需不停地削即可，但如果整个过程是在大自然中进行的话，耳边还会伴有风声和鸟鸣，不失为一种休养生息的方式。自己动手制成的勺子还会给你带来一种成就感，用它吃饭都会觉得饭菜都变得更加可口了。勺子表面用锉刀仔细锉过后会变得光滑无比，就像市面上卖的勺子一样。等到习惯了以后可以试着把木材削成各种不同的形状和模样。

小孩子用的小勺

分菜的勺子

盛咖喱的勺子

盛菜做菜两用的木铲

必备工具
- 劳保手套
- 万能笔
- 锯子
- 美工刀或雕刻刀
- 砂纸
  80#・120#・240#・400#
- 橄榄油（或核桃油）
- 布

制作方法

1 寻找合适的木材
选择杉树、丝柏、胡枝子等容易雕刻的木材，注意不要选用有节或者弯曲的木材。也可以使用樟树、光叶榉树、橡树的树枝。

2 描出勺子的轮廓
用万能笔在木材上描绘出想要制作的勺子的轮廓。线尽量画得粗一点以防削的时候看不清。

3 用锯子锯，然后用小刀削
用锯子沿着画好的线锯开，厚度保持在3厘米左右，然后用小刀或雕刻刀修边。

4 用砂纸打磨
砂纸的目数越少越粗糙，因此从80目的型号开始不断增加目数依次打磨，直至勺子表面变光滑。

5 上油
用布掺上橄榄油均匀涂抹勺子。用核桃油的话更容易渗透且干得更快。

PART 2 recreation 038

PART 2 recreation 039

用铁皮罐制作火箭炉

DIY　火箭炉　篝火

升热器
即通气管。从炉口传过来的高温燃烧气体在该处燃烧。

隔热材料
放入名为"珍珠岩"的人造轻石，在炉内保持高温状态可以提高燃烧效率。

主体部分
用铁皮罐或一斗罐制作。也可以用砖块和小罐子制成迷你版。

炉口
从此处添加柴火。柴火需少量多次添加，否则将导致空气无法流通。

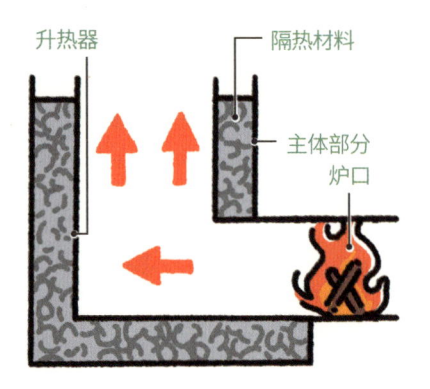

剖面图
柴火在炉口燃烧使炉内的燃烧气体受热膨胀上升。炉内的燃烧气体能够二次燃烧，因此即便是少量的柴火也能烧出旺盛的火来。

70

突发灾害时用得上，可以学一下

火箭炉是个宝物，不仅能省燃料，做饭时还能当暖气用。由于火箭炉制作起来非常方便，相较于普通的火炉也更省燃料，还无需接入电源或使用天然气，现作为突发灾害时的应急装置备受瞩目。火箭炉能够将燃烧燃料时产生的燃烧气体进行二次燃烧，二次燃烧时还会发出轰隆声，所以被称为"火箭炉"。

火箭炉的结构简单，只要理解了原理，还可以用身边的物品替换制作时用到的材料。火箭炉受欢迎的另一个原因在于用它生出的火明明很旺，生火却很容易，火势也很稳定。用火箭炉做烧烤产生的烟雾和烟灰都很少，所以大家可以一起围着火箭炉烤。

火箭炉的制作方法

材料

直径约为30厘米的铁皮罐…1个
直径约为10厘米的烟囱管…2根
与烟囱管相同尺寸的90度弯头曲管
　…1根
珍珠岩…1袋

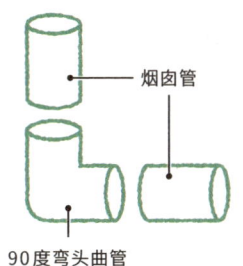

- 烟囱管
- 90度弯头曲管

工具

- 手套
- 钻头
- 铁皮剪
- 锯金属的锯子
- 钳子
- 锤子
- 金属锉刀

❶ 给铁皮桶开洞

在铁皮桶上开一个与烟囱管直径相同大小的洞。首先，将烟囱管对准贴在铁皮桶的侧面，用万能笔描边。然后，用钻头沿着画好的线钻洞，洞与洞之间用钳子切开后连接起来。切口用锤子或锉刀修理平整。

❷ 装上焚烧口

用锯金属的锯子（或铁皮剪）将烟囱管分成适当长度，插入铁皮桶的洞中。插入一半后，从上方放入90度弯头曲管使之与烟囱管连接。放入珍珠岩，一直塞到烟囱管下方。没有珍珠岩也可以，只是火势会变弱。

❸ 制作升热器

将另一根烟囱管切成与铁皮罐相同或稍微超出一点的高度，然后从铁皮罐上方插入，并与❷中制成的90度弯头曲管连接在一起。

❹ 放入隔热材料

在升热器周围放入珍珠岩将铁皮桶塞满，不要留任何缝隙。珍珠岩也可以用沙砾代替。

PART2
recreation
040

用自制的鸟笛和鸟儿聊天

DIY 自然观察 鸟 亲子

树枝
推荐使用像枹栎这种偏硬的阔叶树的树枝，这种树枝做成的鸟笛声音更容易出声。长度和大小可以根据自己的喜好制作。

无头螺钉
推荐选用容易转动的吊环螺钉。可以给吊环螺钉穿上绳子做成项链或带子。

在树枝上钻个孔就行，就是这么简单

鸟笛是一种可以和鸟儿们聊天的工具，户外商店和杂货店就有卖，但只要有树枝、螺丝和打孔的钻头，自己做也很方便。

做法是先将树枝切成食指大小，然后用钻头在树枝的中心钻一个孔，最后插入螺丝就完成了。只要转动螺丝就会发出声音。不同种类的树枝做成的鸟笛会发出不同的声音，所以你可以期待一下究竟会引来什么样的鸟。最后，不要忘记带上望远镜观鸟。

PART2 recreation 041

制作简便钓鱼竿

DIY　鱼　水边的娱乐活动　亲子

钓鱼很有趣，用一次性筷子制作鱼竿

如果你想钓鱼却又不想买工具的话，不妨试试自制钓鱼竿，用身边的一次性筷子或树枝等就能做出来。鱼饵我比较推荐用河底的小虫、小鱼、鲑鱼子、用来下酒的扇贝、凤尾鱼、鱼肠等有气味的食物。如果是在水流少且能看到河底的地方钓鱼，可以把铅坠伸到水底，然后耐心等待鱼上钩就行。鱼会被人影吓跑，所以还是安静地等它们上钩吧。

选择重量轻的浮标
可以选择枯树枝或泡沫塑料做浮标。抛出钓鱼线后以能够浮在水面的重量为合适。

钓鱼用的天蚕丝
用小刀在一次性筷子上削出一个小槽，然后缠上钓鱼线捆起来。不要使用过细且易断的线做钓鱼线，如缝纫线。

钓鱼针
用锉刀将树枝锉尖，做成能挂住鱼嘴大小的凸起形状。也可以用鱼骨头做钓鱼针。

铅坠
可以用石头或钉子做铅坠。请尽量选择一些体积小且重量大的东西做铅坠。

PART2 recreation 042

用身边的植物来染色

DIY　植物　亲子

碗
放在溶有明矾的热水中浸泡。优选大尺寸。

锅
选择大口径的锅,便于浸泡。

笸箩
用来过滤煮熟的洋葱皮。

热源
最好不要用篝火或炭火。

用原本要扔掉的东西染出鲜艳的颜色

　　日常生活中不要的洋葱皮其实可以用来染布。蔬菜水果的皮只要煮一下就能做出提取液,非常的简单,让我们把做菜过程中产生的蔬果皮保留下来用来染布吧。

　　用这种方式制成的染料不会像化学染料那样对环境造成危害,就这一点来看也让人感到开心。布料可以不必全新,带污渍的衬衫、褪色的手帕或者不用的旧布都可以,给露营中用到的布料染色也不错,例如收纳围裙或工具的袋子。

基本染色方法

加明矾与不加明矾染出来的布料在颜色上会有差异，请感受一下这种差异吧。

材料和工具
- 布料
- 锅（料理锅也可以）
- 水
- 豆浆
- 洋葱皮
- 明矾
- 碗
- 笸箩

① 洗布
布用水洗干净后拧干，放入豆浆中浸泡超过30分钟，浸泡好后轻轻拧一下然后晾干。豆浆中的蛋白质有助于染料渗透布料。

② 提取染液
锅里倒入水，以浸过洋葱皮为准，开火加热，沸腾后用小火煮15~20分钟。

③ 放入布料
取出洋葱皮。放入①中的布料用小火煮10~15分钟左右，取出后用水轻轻洗。如果想在布上加上纹路，需要提前用橡皮筋把布绑起来。

④ 制作媒染剂
碗里加入明矾，倒入热水使明矾溶化。每1升热水加入2克明矾。

⑤ 定色
将做好的媒染剂放入染液中浸泡10~20分钟，使染料固定在布上。最后用水将布洗干净晾干即可。

尝试用各种素材染色

如果你是第一次尝试用植物染色，那么我推荐你选用木棉等天然植物材质的布料。要想染得漂亮，必须保证布料的重量与洋葱皮的重量一样。决定好染色的日期后，就可以开始收集洋葱皮了，如果离染色的日期还早的话，可以将洋葱皮冷冻起来保存。

成功用洋葱皮将布料染色以后，也可以尝试用其他植物染色。除洋葱皮外，咖啡渣、艾蒿、鱼腥草叶和葡萄皮也可以用来染色，快去查一下平日里能用来染色的素材有哪些吧。另外，这种植物染液虽然是纯天然的，但还是请遵守露营地的规则丢弃。

PART2 recreation 043

用松塔儿做成装饰品装饰露营地

DIY 植物 亲子

穿上绳子后用来装饰帐篷和防水布。

还能像这样做成圣诞树的样子。

想和小朋友们一起制作的天然装饰

　　露营地随处可见掉落的松塔儿，将它们直接用来装饰露营地虽然也很可爱，但如果稍微花点功夫把它们做成装饰品，野营地会变得更加温馨，而这也将成为一段美好的回忆。

　　制作方法很简单，首先用黏合剂把树木的果实或珠子黏在松塔儿上，可以根据自己的喜好用油漆或颜料给松塔儿涂上颜色，然后在松塔儿的顶部拧上吊环螺钉（吊环螺栓），最后系上丝带就完成了。

拿出打铁匠的气势！用大钉子做裁纸刀

PART2 recreation 044

DIY 炭火

必须戴上耐高温手套。

用锤子敲打变红的钉子。

在平坦的石头或铁砧上敲打钉子。

必备工具
- 大钉子
- 锤子
- 长凳
- 耐高温手套
- 陶炉等
- 水桶
- 磨刀石

> 钉子烧得通红以后，敲就对了

大钉子是指长度为15厘米左右的长而粗的钉子。首先将钉子放入炭火中烧至尖端变红，然后取出来用锤子敲击。钉子冷却后就会变硬，这时需再次放进炭火中煅烧后继续锤打。等到钉子两面都打成自己喜欢的形状后再次放入炭火中烧红，取出后浸在水里使其完全冷却，最后用磨刀石打磨。

打铁时请穿上长袖和长裤，同时必须佩戴耐高温的手套以防烫伤。

PART2 recreation 045

学千利休①点茶

饮品　放松

茶壶
烧开水用，可以用锅代替。

茶杓
把抹茶从容器里舀出来的勺子。可以用汤勺代替。

茶筅
一种使抹茶和热水在茶碗中均匀混合的工具。

茶巾
擦茶碗的布。

热源
如果要在桌子上热茶，推荐使用单炉或便携式卡式炉。

抹茶
在超市就能买到。如果露营地附近有茶馆的话，也可以在那里购买。

在大自然中悠然地感受和谐

　　你知道野点吗？茶道把在大自然中泡茶称作"野点"，据说在日本的战国时代的千利休和丰臣秀吉也曾在战场享用野点。

　　户外的咖啡别具风味，抹茶也别具一格，能够尝出一种不同于往常更加深刻的滋味。置身于林木间，迎面微风吹来，花草的香气弥漫鼻尖，品上一口抹茶。如果你想度过一段不同于其他人的优雅的涩味露营时光，我推荐你试试野点。

①日本茶道家，继承并创造了闻名于世的"草庵茶道"。

野点的点茶方式

掌握基础的点茶方式，尝试首次制作野点。做野点最大的要点在于放松全身。

▍只需准备六样东西 一起放轻松泡个茶吧

做野点用到的东西非常简单，只需准备水、抹茶、茶碗、烧水的工具、热源和茶筅即可。野点的基本在于"走出茶室自由地品尝茶"，不注重细节、轻松尝试是它最大的特征，就让我们用自己携带的东西开始进行首次的尝试吧。如果你想先从入手材料和工具开始，去百元店里就能买到这些东西。当你喜欢上做野点，入手专用的茶杓、茶筅、枣形茶叶罐等物品也会变成一件很有意思的事情。另外，用露营地当地的抹茶、水和工具来做野点也是个不错的选择，从中还能感受到当地的气息。茶点也可以在途经的车站购买，用寻宝的心情寻找平日里接触不到的具有当地特色味道的茶点，心情会随之变得高涨起来。

❶ 加入抹茶粉
倒入热水温热茶碗，再倒掉热水后擦干碗中残留的水分，用茶杓取2勺（1勺的量等于1茶匙的量）抹茶粉加入茶碗中。

❷ 注入热水
往茶碗中慢慢注入60毫升热水。热水的温度以80摄氏度左右为宜。

❸ 前后移动搅拌
前后移动茶筅，使抹茶粉不结团地均匀混合在一起。

❹ 去除大的泡沫
轻轻拿起茶筅搅拌抹茶表面使泡沫变成大小均等，这样一来抹茶的口感会更佳。

❺ 搭配茶点一起食用
搭配着自己喜欢的甜度的点心一起食用。不喜欢抹茶的人可以用加热的牛奶或抹茶拿铁代替。

PART2 recreation 046

在蓝天下吃流水素面

DIY　清凉食谱　亲子

从大罐中流下来
水缓缓从大罐中流出，水流的速度越快，素面的流速也会越快，随之也越难夹到素面，所以在水流上游的人需要特别注意一下流速。

由塑料瓶制作而成
将2升大小的塑料瓶竖着切成两半，用防水胶带黏在一起。请做好保护措施以免手被切口割伤。

大尺寸的桶
桶上放上笸箩，用来接没被夹住的素面。需提前做好水溢出来的准备。

用塑料瓶就能做，十分简便

炎炎夏日里，如果你想以娱乐活动的形式享用露营餐，我强烈推荐流水素面！不仅能在活动中吃到餐点，还能体会到用塑料瓶制作水道的乐趣，简直一举两得！

水道不仅可以放素面，我还推荐你放水果或蔬菜。放入葡萄、樱桃、橘子罐头、小番茄、毛豆和黄瓜这些夏季蔬菜也很美味哦。

用辣油、芝麻油或豆浆做面汤，里面放入生姜或芝麻等佐料会更加有趣也更美味！

PART2
recreation
047

放飞口袋风筝，感受风的流动

风　放风筝　亲子

口袋风筝
虽然市面上有各种不同名称的口袋风筝，但它们的共同特征：能像瞬间就能打开的折叠镜那样瞬间起飞。

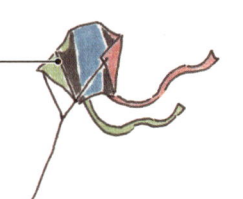

感受风的流动
拉着风筝朝逆风的方向跑，慢慢地放长风筝线。多朝逆风的方向拉风筝，风筝更容易飞起来。

放风筝就能带来意想不到的快乐

　　口袋风筝的制作方法简单，非常适合在露营时玩，说不定还能锻炼出搭帐篷和篝火生火时用到的看风向的本领！口袋风筝虽然体形很小也没有骨架，却可以飞得很高，这是由于它结构的特殊性，风可以穿过风筝本体部分的缝隙。
　　口袋风筝不同于大风筝，即便是无风的天气只需跑上一会儿也能飞起来。为了不打扰到附近其他的露营地，请尽量选择宽敞的露营地放口袋风筝。

PART2 recreation 048

正经观察蚂蚁

自然观察　昆虫　亲子

认真观察蚂蚁很有意思

在露营地你会遇到各种昆虫，但你有观察过近在身边的蚂蚁吗？虽然我们对蚂蚁的生活习性也有一个大致了解，但如果仔细观察还会发现许多有趣的地方。虽然统称为蚂蚁，但其实它们也分为很多不同的种类，每一只蚂蚁的行为也不尽相同，你可以仔细观察一下。你还可以把它们带回去观察，但记住一定要提前取得露营地的许可。

蚂蚁什么都吃吗

蚂蚁是杂食动物，几乎什么都吃。在我们的印象中，只要放上一点砂糖，蚂蚁就会成群结队聚集而来，然而事实上也有一些种类的蚂蚁不会被砂糖吸引。蚂蚁喜欢虫子的尸体和花的种子等富含蛋白质的物质，让我们一起调查一下蚂蚁都爱吃哪些东西吧，这将会很有趣。

蚂蚁不喜欢醋、咖啡、薄荷和柠檬，露营时只要稍微放一点这些东西，就能达到驱赶蚂蚁的效果。

蚂蚁的触角比人类的鼻子灵敏得多，能够嗅到人类无法嗅到的微量气味，它们可以通过微量的气味寻找到食物的位置。

蚂蚁的种类

盘腹蚁
山野背阴处可见的一种脚长的大型蚂蚁，很聪明。目前日本已经确认了的盘腹蚁属的种类有17种。

日本弓背蚁
隶属于蚁科及日本蚂蚁中体形最大的蚂蚁部类，以小动物的尸体和植物的种子为食。

日本黑褐蚁
日本随处可见的一种蚂蚁，具有代表性。常在公园或草原等宽阔且阳光充足的地方筑巢。

阿美尼氏蚁
其特征为长有刚毛，常见于冲绳地区。属于夜行性动物，白天隐藏在土壤中。

举腹蚁
其特征为能像蝎子一样举起腹部。大阪举腹蚁表面呈红色光泽，因此经常被误认为是火蚁。

观察方式

❶ 追在蚂蚁身后观察它们要去哪里
我们可以看到有一些蚂蚁正在把找到的食物搬回巢穴，还有一些蚂蚁在路上转来转去。让我们追在后面看看它们各自究竟在做什么吧。

❷ 测一测蚂蚁的移动速度
在蚂蚁巢穴的附近画一条10厘米的线，测量一下蚂蚁移动到那里需要花多长时间。

❸ 寻找蚂蚁爱吃的东西
在地上分别放上砂糖、盐或巧克力碎屑，观察一下哪边的蚂蚁聚集得最多。如果同时把蚂蚁讨厌的醋放在旁边，结果又会怎么样呢？

❹ 观察调查蚂蚁的身体
蚂蚁虽小，但也有眼睛、嘴巴和腿部肌肉等身体结构。将蚂蚁放入储存袋或透明的盒子中用放大镜观察吧。

PART2 recreation 049

夏天正是采集昆虫的季节

自然观察 昆虫 亲子

捕捉独角仙和锹甲

如果你选择在夏季露营并且也喜欢虫子的话，采集昆虫就很适合你。不同的地方或许会存在一些差异，但采集昆虫基本上可以从梅雨季一直持续到9月份。昆虫大都是夜行动物，所以采集昆虫的时间最好选在天黑之后或清晨。然而需要注意的是必须提前向露营地确认是否可以将采集的昆虫带回，同时也请不要给其他露营地造成困扰。

从秋天到次年春天，腐殖土和锯屑中会寄生许多幼虫，到了春天它们就会长大，这时便是最容易发现它们的时候。

捕捉方法

① 放置捕捉装置

将香蕉捣碎后浸入烧酒放置一整日,放进茶袋或网中然后挂到树上。昆虫多栖息在栎树和枹栎等有树液的树上,注意不要挂错了。

② 利用光

准备好白色床单和灯笼,在栎树和枹栎等树的附近打开白色的床单并用光照射,这样一来虫子就会被光吸引过来。

饲养方法

将采集好的昆虫放入能够通风的容器中带回。昆虫不耐干燥,请在容器中铺上弄湿的纸巾。

回家后需要准备的饲养箱

在像虫笼一样的箱子中铺上成虫专用的垫子,放入树枝和昆虫饲料。要注意控制箱子的湿度和温度,可以用喷雾湿润树枝,使箱中的温度保持在25摄氏度左右。

PART2
recreation
050

自制瑞典火炬

篝火　北欧风　放松　DIY

瑞典火炬
从十字或八方切入的圆木上直接点火燃烧的原木篝火。瑞典火炬旺盛的火焰能够活跃露营气氛。

用「自制瑞典火炬」生出旺盛的篝火

　　所谓"瑞典火炬",指的是在切开的圆木上直接点燃的原木篝火。在上面架上平底锅就可以用来烧菜。然而圆木却很难买到,露营时人们即便想用瑞典火炬也无法立刻用上。不过我们可以自己做!用铁丝把木材捆在一起就能简单地制成一个"自制瑞典火炬",用它就能生出旺盛的篝火。火炬过大的话,燃烧时木材掉落可能会导致受伤,所以请尽量做成适中的大小。

{自制}

瑞典火炬的制作方法

❶ 收集圆木或木柴
收集6~8根圆木或木柴。木材的长度可以相同也可以不同。

❷ 用铁丝捆绑
在集中好的木材中心夹上助燃剂，用铁丝捆起来。

❸ 使用
放在篝火台上点火。将长度不同的柴火绑成高低不同的形状也挺有意思的。

> 用铁丝把整理好的木材捆起来即可

收集6到8根原木或柴火。用相同长度和粗细的木材做出来的效果会比较理想，但如果用不同大小的木材来做会很有意思。

在集中好的木材中间夹上固体助燃剂，用铁丝绑起来，"仿制瑞典火炬"便制作完成了，把它放上篝火台就可以点火。如果"自制瑞典火炬""站"不稳的话，可以再做一个放在旁边固定。

铁丝请勿选择表层有树脂材质包裹的类型，这样才能避免木材烧完后产生焦臭味。正因为"自制瑞典火炬"将木材都捆绑在一起，我们才能享受到旺盛的篝火。"自制瑞典火炬"可以烧很久，所以等到时间充裕的时候再点燃它吧。

PART2 recreation 050

PART2 recreation 051

观看不同季节的星空

自然观察　星空　放松　夜晚

超震惊！可以观察到星座图中那样的星星

露营中最令人感到震惊的是夜空中可见的星星数量。抬头仰望星空便会沉醉其中，这时，如果手里有星座图的话，就能知道发光的星星的名称，这样一来便能更加享受到看星星的乐趣。看星星用望远镜最佳，但也可以直接用肉眼观看或者使用户外专用的双筒望远镜。请关掉周围的灯光，躺在躺椅上看星星吧。另外，不同的季节可见的星星不同，星星的位置也会随之发生变化，所以也请把观察到的星空记录下来吧。

四季分别可见的星空

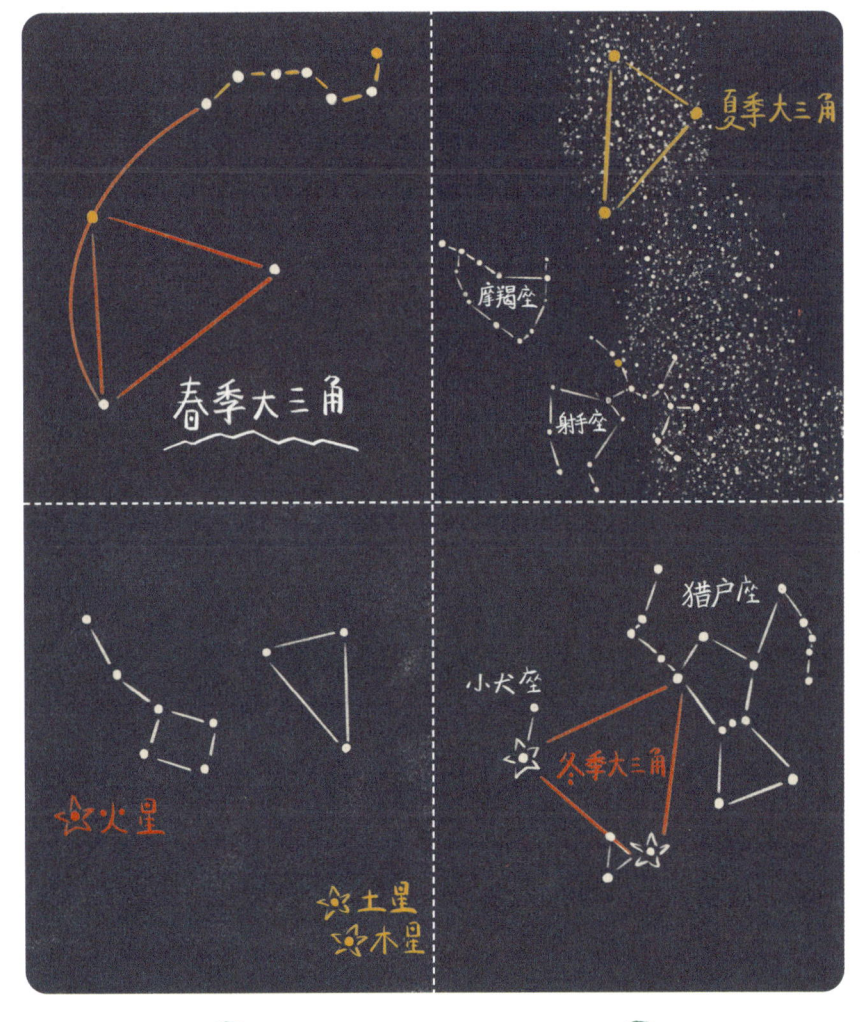

春 寻找北斗七星

夏 可以看见银河！

春季大三角

夏季大三角

摩羯座

射手座

猎户座

小犬座

冬季大三角

火星

土星　木星

秋 寻找散发红光的火星

冬 寻找猎户座流星雨

PART 2
recreation
052

区分不同种类的云

自然观察　天气　雨天露营　放松

你能区分以下十种类型的云吗

① 卷层云（薄云）

白色的薄云，常伴有太阳和月亮的晕圈。暖锋出现前常伴有卷层云，第二天多为降雨天气。

② 卷积云（鳞状云）

春秋季常见的一种鳞片状或波浪形的白色云片，也称为"沙丁鱼云"。天空出现卷积云时，天气多半会变坏。

当你悠闲地眺望天空时，不妨观察一下云吧。虽然云有各种各样的形状，但基本可以分成十种类型。即便形状相同，不同高度的云层的名称也不同，请以飞行的飞机的高度为标准来辨别它们吧。

另外，由于天气和云层的变化都是从西边开始的，所以观察时应选择西边的天空进行观察。此外，还可以用写生或拍照的方式对云层进行定点观测，这样就可以了解云层是如何移动和变化的。

⑩ 积雨云（入道云）

夏季的代表性云层，云底阴暗，常在大气不稳定时出现。据说积雨云中含有的水量有1000个钢桶的容量之多。

90

③ 卷云

秋季的代表性云层。名称中带"卷"字的云都会出现在很高的地方,其中最高的是卷层云,多见于晴天。

④ 高层云(阴天云)

呈灰色,常布满整个天空。有时会被朝霞和晚霞染上颜色。

⑤ 高积云(被子云)

小云块聚集形成的云层,呈白色或灰色。当高积云扩散后,天气往往会逐渐变坏。

⑥ 雨层云(碎雨云)

此类云都会伴随降水。云的颜色呈不均匀的灰色或黑色,云层厚得可以遮挡住太阳和月亮,通常会伴随降雨或降雪。

⑦ 层云(雾云)

高度最低的一种灰色云层,与雾相似,雨后有时会出现在山脚。有时可以看到云层后面的太阳。

⑧ 积云

常飘浮于蓝天上的一种云层,形状多样,常伴有好天气。

⑨ 层积云

大云块聚集形成的云层,颜色和形状多种多样。位于低位置的松软厚云很有可能是层积云。

PART2 recreation 053

通过『数码排毒』来恢复元气

自然观察　放松　吊床

放下手机和平板，尽情享受大自然

难得来一趟大自然，要是光看手机的话不就和往常没什么两样吗？如果你这样认为，就试试看"数码排毒"吧。"数码排毒"看似简单，只需要你放下手机和平板等电子设备，然而要做到这一点却非常困难。你可以尝试安排具体时间进行，或者从一开始就选择无法接收信号的露营地。如果你想听音乐或拍照，可以把电子设备设置成飞行模式。电子设备近在咫尺的话我们总会忍不住想去用，所以还是把它们拿到远一些的地方比较好。

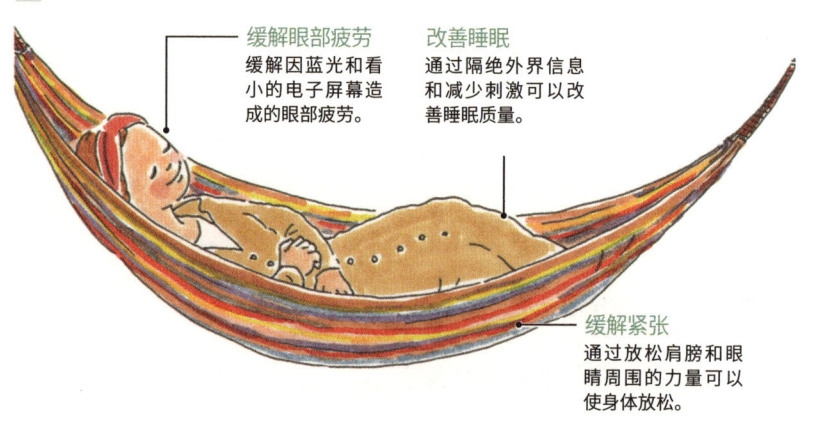

缓解眼部疲劳
缓解因蓝光和看小的电子屏幕造成的眼部疲劳。

改善睡眠
通过隔绝外界信息和减少刺激可以改善睡眠质量。

缓解紧张
通过放松肩膀和眼睛周围的力量可以使身体放松。

思考一下如何安排空下来的时间

"数码排毒"开始后，如果只是闲得无聊，又或是无法好好享受空下来的时间，就很容易转向手机寻求刺激。所以从一开始就应该考虑好如何安排这段时间，这样一来"数码排毒"才能顺利进行下去。

你可以尝试做一些平常不会做的事情，比如制作手工艺品、做菜、看书或者画画等。只有做自己喜欢的事才能集中精力！在这段时间里找一些自己喜欢的事情做吧，即使只是无所事事地听听喜欢的音乐也很不错。

锻炼五感

(味觉)

尝试当地的食材和从没吃过的东西

积极购买当地特有的食材，也可以提前准备好只有露营时才能享用到的佳肴。

(视觉)

眺望风景、画画

平常我们看到的都是周围的风景，也将目光投向远处的风景吧。我还推荐你把颜料混合在一起调出各种不同的颜色。

(嗅觉)

吸入树木的香气

尝试在森林中做深呼吸。当有清香的空气游走体内时，人的心情也会随之变好。

(听觉)

聆听来自虫、鸟、河流和风的声音

听一听来自大自然的虫鸣、鸟鸣、风声以及河水的流淌声。可以将听到的声音记录下来，这也很有趣。大自然中的声音无时无刻不在变化，还可以用耳朵去感受这种变化。

(触觉)

赤着脚触摸大自然

赤着脚触摸河水和草地，用脚底感受大自然，大脑会传来一种特别的感觉。

PART2 recreation 054

户外桑拿

桑拿　放松　水边的娱乐活动　北欧风户外桑拿

桑拿帐篷
有俄罗斯制造和芬兰制造

桑拿石
往热桑拿石上浇水使产生水蒸气

火炉
通过燃烧柴火加热桑拿石

白桦束
将白桦的嫩枝嫩叶捆绑在一起敲打全身可以使皮肤变得紧致有弹性。

户外桑拿，温暖身心

桑拿帐篷用于户外的桑拿浴，很受人们欢迎。有了这种可以随身携带的桑拿专用帐篷，你可以在河滩或海边附近享受到桑拿浴。蒸完桑拿后可以去户外吹吹风摸摸河水放松一下，你将会感到无比惬意！

话虽如此，桑拿帐篷不仅价格昂贵，搭法和用法也十分独特。一上来全部都得自己动手的话实在是有些困难，所以我推荐你参加一些相关的活动或者去可以体验的地方先试试看。

94

Q 在哪里可以体验到用桑拿帐篷蒸桑拿?

A 工场、活动或者露营地都可以体验到。你也可以自己买,不过得提前学一下桑拿帐篷的搭法和用法。

Q 蒸桑拿时穿什么比较合适?

A 可以穿泳衣或者弄湿了也无所谓的衣服。另外,蒸之前要把首饰都摘下来,蒸的过程中头部会发热,所以还要戴好桑拿帽。

Q 如何才能在帐篷桑拿浴中尽兴?

A 可以抹一些自己喜欢的精油,或者一边绑好的白桦枝敲打身体一边做按摩。

Q 会不会有危险?

A 如果帐篷的搭法和使用方法不正确就有可能发生危险,所以必须看好火源,同时携带好一氧化碳检测仪。如果你打算自己动手搭,必须提前向露营地确认露营过程中是否可以使用桑拿帐篷。另外,也请注意不要给附近的露营地造成麻烦。

Q 什么是芬兰入浴法?

A 芬兰入浴法是指一种通过往桑拿石上浇水以达到迅速提高篷内湿度的方法。虽然体感温度也会随之上升,但沐浴在水蒸气中会让人感到非常舒服。

PART 2 recreation 054

PART2
recreation
055

尝试早睡早起

露营中早起的鸟儿有虫吃

早晨　放松　自然观察

清晨在露营地醒来，我想你一定会为那里新鲜而寒冷的空气感到惊讶，即便在夏季，露营地的早晨依旧十分凉爽，所以不妨早起散散步吧。散步时，你不仅能欣赏到不同于白天的风景，还有可能见到只在人类休养生息时才会出来活动的昆虫或鸟儿。

另外，你还可以提前查好日出的时间出门看朝霞，你将感受到一天的漫长，然后悠然地度过户外的时光。

早起之后……

- 散步到稍远的地方
- 不紧不慢地做早餐
- 煮咖啡
- 揉面团
- 铺开垫子做瑜伽

PART 2
recreation
056

雨天专属的乐趣

自然观察　雨天露营　亲子

> 别感到遗憾，一起寻找雨天专属的乐趣吧

露营时一旦碰上下雨，很多人就会感到什么都做不了。雨天不仅帐篷会湿透，还得花功夫把东西搬回帐篷，确实让人很头疼。尽管如此，我们还是可以从中找到一些乐趣，比如穿上雨衣和长靴去林中散步，看看那些雨水装点下晶莹剔透的花花草草；还可以把雨水收集起来加入颜料染成各种颜色，又或是用油性笔在塑料伞上画画，做出一把原创的伞。天气预报不准时，想好一些雨天活动再向露营地出发吧。

听水滴落下的声音

在有雨水滴落的地方放一个水桶或瓶子，然后听一听水滴落下的声音。在多个地方都放上水桶或瓶子，雨滴声还能形成一种节奏。

做一条小河

在水坑中挖出一条小路，然后把它变成一条小河。还可以在水坑做成的小河中集满雨水，让雨水沿着上游往下流。

没准还能看到一些平常看不到的动物

青蛙、蜗牛、蛞蝓和蚯蚓都喜欢雨天。一边散步一边看看石头下面或者阴暗的地方有没有它们的踪迹吧。

在湿图画纸上作画

将图画纸用雨水浸湿，然后拿布轻轻擦掉上面的颜料。不同颜色的颜料慢慢渗透混合后还会变成一幅好看的画。

97

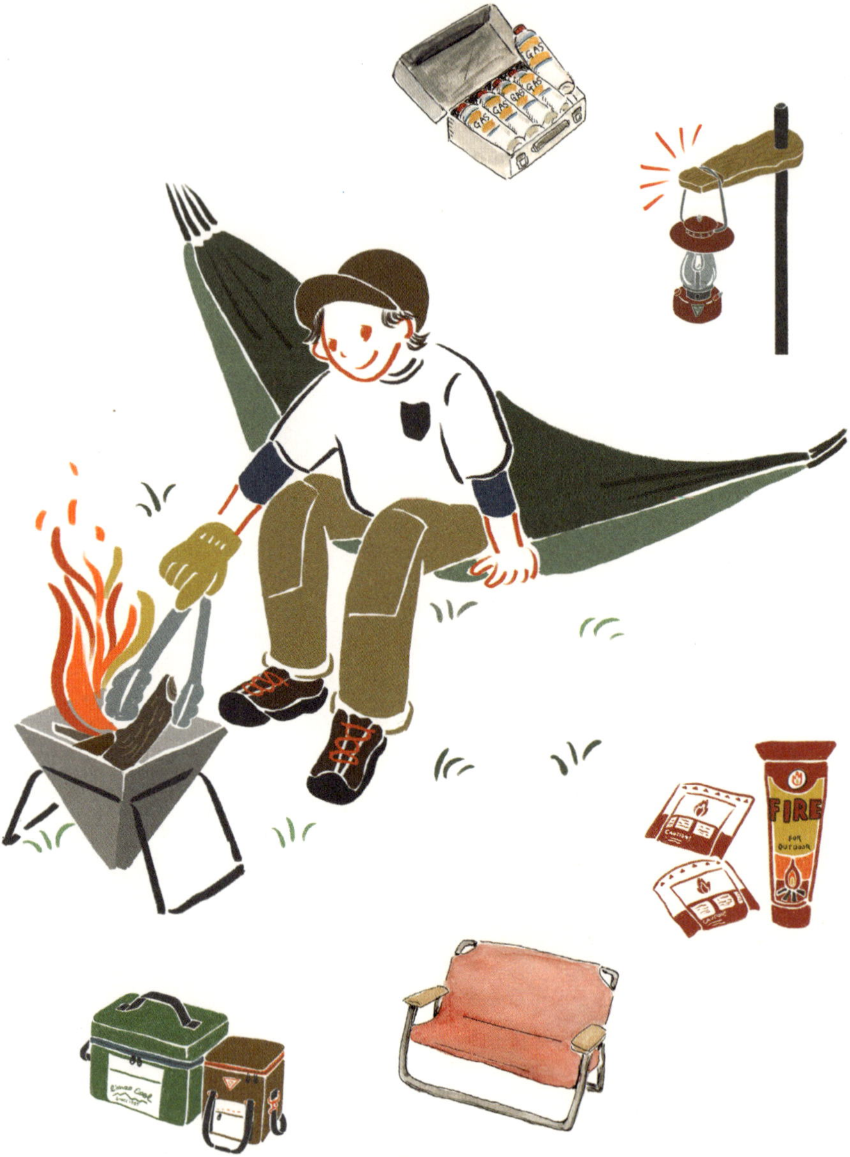

PART 3
tools

欢迎深入其中，挑选最佳的装备

露营的乐趣在于

熟练使用花功夫制成的工具

以及享受露营过程中的不便之处。

此外，挑选出最适合自己的工具的过程也同样十分有趣。

自己动手制作工具是露营专属的乐趣！

tools 057

熟练使用一物两用的营帐

营帐　风围屏　篝火

用「营帐」防风和保暖

近年来使用营帐的人变多了。营帐指的是用来立在露营地边上的屏风，使用起来相当方便。

营帐具有防风功能。装上营帐后，即便站在篝火台对面，也不用担心突如其来的风卷起灰烬，篝火的烟雾和火星也不会影响到旁边的其他帐篷。营帐多为不易燃的材料制作而成，可以放心使用。除此之外，营帐还能反射篝火产生的温暖空气，保暖效果良好。

围住四周，构建一个私密空间

营帐的另一个作用是充当围屏。如果是淡季，或者能够保证露营中自己的帐篷与其他的拉开足够距离，即便不装营帐也没关系；但如果是旺季，汽车露营地就会异常拥挤，根据不同露营地的帐篷编排方法，有时还会出现别人在自己眼前用餐，又或是出现和陌生人忽然对上眼神而感到尴尬的情况。

一面用车挡住，一面搭上帐篷，一面装上营帐，这样一来三面就已经围好了。剩下的一面朝向通道一侧，只需装上厨房架台即可，出入非常方便。像这样将自己的地盘围起来，就可以制造出仅属于自己和家人、朋友的私密空间。

PART 3 tools 058

七种模式！钻研最佳的帐篷搭法

防水布　风　雨天露营

❶ 住宅模式
最常用的搭法。天气好时适合眺望风景。

❷ 防风模式
只取下上风侧的帐杆，直接将防风绳拉到地面固定。

❸ 遮阳模式
将长杆装在太阳光一侧，使帐篷整体倾斜，能够搭出大片阴凉地。

帐篷的搭法可不止一种

即使帐篷有所谓的正确搭法，却没有规定必须要如何使用。你可以根据露营场地的形状、天气以及季节灵活使用帐篷，如果你比较在意风，可以降低上风一侧帐篷的高度，太阳大时可以降低南边和西边一侧帐篷的高度。

其中，四边形帐篷的使用方法尤为灵活，它由6根帐杆搭成，可以通过升高或降低四个角调节成各种各样的形态。

102

④ 雨天模式

减少帐杆的数量，将防水布的角用防风绳固定到地面。雨天模式下，雨水会顺着帐篷布往下流。

⑤ 暴雨模式

为避免雨水吹入，降低防水布两端至接近地面。

⑥ 露宿模式

只用一根帐杆支撑一角，其余角全部用地钉固定在地面。

⑦ 挡风模式

可以防止东西在刮风下雨时被吹走。这种情况下请退避到帐篷或车内等待天气好转。

尽情发挥你的想象 灵活运用防水布

如果没有帐杆和防风绳，防水布只是一块普通的布，但只要发挥你的想象，防水布就能发挥各种各样的作用，你既可以减少帐杆的数量，也可以增加防风绳的数量。

例如，如果你觉得防水布雨太大，可以拆掉防水布边缘的帐杆，然后用防风绳将防水布的角固定到地面，这样一来雨水就可以顺着防水布流到地上；如果遇到大暴雨，你可以拆掉四个角的帐杆把帐篷搭成锐角形状，行李集中放到帐篷正中央；风大时，可以将上风一侧的防风布全部固定到地面，只留下一根帐杆用来支撑帐篷。另外，也可以不使用帐杆，将防水布贴近地面固定，可以达到保护行李的效果。天气越是恶劣，防水布越能发挥出它的作用。

PART3 tools
059

椅子 放松

选出最适合你的户外椅子

椅子的种类虽然不统一，却可以体会到各种类型的椅子的优点。

> 露营中需长时间用到椅子，尽量选择自己喜欢的类型

  毫不夸张地说，露营中我们花费时间最长的事情就是待在椅子上。刚开始露营时，我们很容易为了一时的方便买一些便宜货，可一旦买下就会用上很久，所以买之前一定要坐下来试一试，尽量选择坐起来舒服的那种。

  一些椅子中可移动的部位是由塑料零件安装而成的，很容易发生破损，所有购买椅子时，要学会货比三家，从中挑选出材质最好、形状最牢固的椅子。

扶手椅

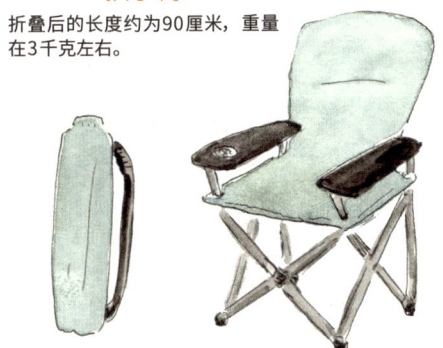

折叠后的长度约为90厘米,重量在3千克左右。

长椅

折叠后的长度约为100厘米,宽度约为60厘米,重量为4~5千克或者更重。

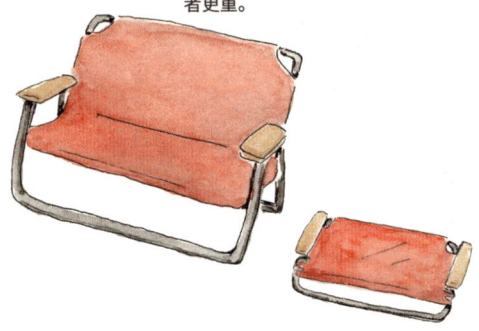

月亮椅

折叠后的长度约为40厘米,重量为1~2千克,徒步旅行时可随身携带。

推荐以下三种类型的椅子

如果你比较在意椅子的舒适度,可以选择扶手椅。有扶手,坐起来很舒服。一些扶手椅还可以让头靠在椅背上,躺在上面就能好好地放松和休息,非常推荐购买。还有一种扶手椅的扶手处增加了放置水杯的区域,这种设计用途广泛,十分便利。

如果是一家人出去露营,用长椅会比较方便。小孩子容易坐不住,一会儿站起来一会儿又要坐下,而长椅方便坐立。如果困了还可以直接在长椅上躺下。

如果你喜欢小巧的椅子,我推荐你购买月亮椅。月亮椅很方便携带,坐在上面会有一种被包裹住的感觉,它的高度正好适合坐在篝火台前。由于月亮椅的设计非常小巧,不仅可以用在露营中,还可以用在家中或者带去附近的公园使用。

PART3 tools 060

睡袋 × 垫子 = 最佳入眠装备

睡袋　垫子　防寒　想要睡个好觉

查看睡袋的限制温度

梦倍路的睡袋上附有代表性能的编号。一般情况下，"3"比较合适，秋季的早晨会比较寒冷，这时"2"（限制温度-6℃，舒适温度0℃）会比较合适，温度更低时整个人都钻进里面睡就行。

选择妈咪式睡袋

睡袋有信封形和人形等多种形态，但如果让我选，我一定会选择说说最基本最无敌的妈咪式睡袋。妈咪式睡袋的优势在于防寒能力强，收纳后体积小。不仅如此，妈咪式睡袋还有多种款式可供选择，多数功能强大。

比起舒适温度，更应该重视睡袋的限制温度

一开始或许你会觉得露营就应该在夏天去，但当你喜欢上露营后，会更想在人少又凉爽的春天或秋天去，所以睡袋从一开始就买全季节都能使用款式会比较划算。

买睡袋时要重点关注它的耐寒性能。每个睡袋的标签上都标有"舒适温度"和"极限温度"，其中，极限温度指的是人蜷缩在里面勉强能够忍受的温度，不具有参考性，舒适温度指的是人可以舒适入睡的温度，购买时应重点关注睡袋的舒适温度。

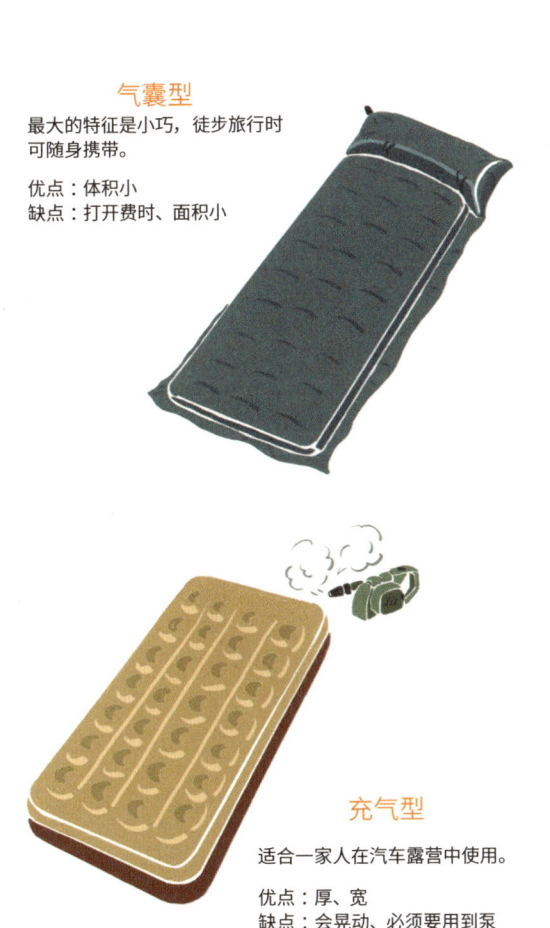

提升睡眠舒适度的关键在于选对垫子

如用手触摸地面时感觉还好,可在帐篷中躺下却能清晰地感到地面的凹凸不平,一旦开始在意它们就很难入睡,有时还会因为地面传来的冷空气或热空气难以入眠。提高睡眠舒适度的关键在于避免这些来自地面的影响。

现阶段露营中用到的垫子都各有优劣,没有一种称得上完美。是否方便展开、收纳后的体积如何、还是要优先考虑垫子的柔软度……试着慢慢摸索出适合自己的露营垫子吧。

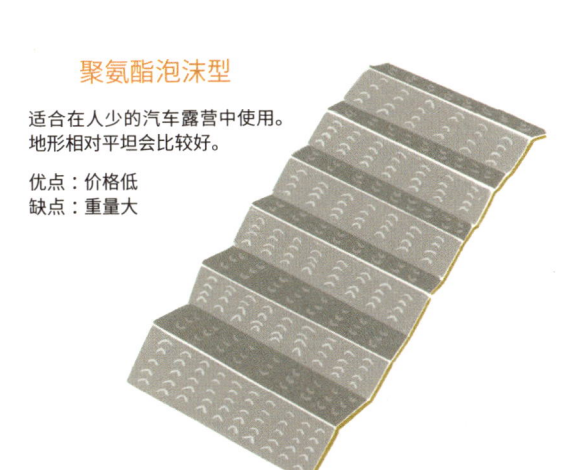

R 值越高说明垫子的隔热效果越好,如果垫子在冬天时也会用到,最好选择 R 值大于 3 的。

气囊型
最大的特征是小巧,徒步旅行时可随身携带。

优点:体积小
缺点:打开费时、面积小

充气型
适合一家人在汽车露营中使用。

优点:厚、宽
缺点:会晃动、必须要用到泵

聚氨酯泡沫型
适合在人少的汽车露营中使用。地形相对平坦会比较好。

优点:价格低
缺点:重量大

PART 3　tools 061

露营必做之事——坠入轻便床的温柔乡

`轻便床` `防寒` `想要睡个好觉` `一物多用`

避开来自地面的冷空气。

可以搭配无底帐篷。即便路面存在高低差或者有小石子也可以放心使用。

了解一下轻便床

逐渐习惯露营以后，可以尝试用睡袋和垫子以外的方式入睡，在此我要介绍的是小型简易的轻便床。

有了轻便床，地面传来的冷空气和热空气、地面的高低差和地形这些问题统统都能迎刃而解，无论何时何地你都能够平稳舒适地入睡，只要用过一次就再也停不下来。

轻便床还可以搭配无底帐篷一起用，这样一来就可以穿着鞋进出帐篷，非常方便。白天还可以把轻便床当成椅子来用。

小型&柔软

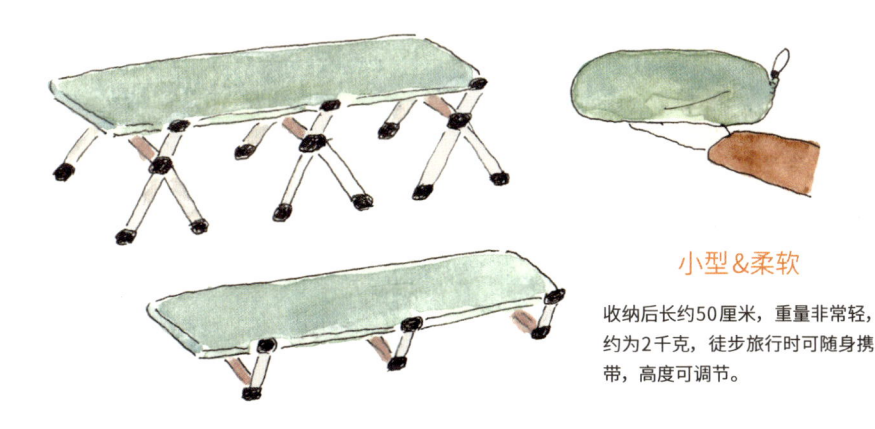

收纳后长约50厘米，重量非常轻，约为2千克，徒步旅行时可随身携带，高度可调节。

体积小和操作简便才是重点所在

轻便床大致分为两种类型：一种是组合式的轻携型，另一种是能像椅子一样折叠的操作简便型。这两种类型的舒适程度是一样的，你可以根据它们的便携度和操作简便程度来做决定。

轻携型轻便床优点在于组装时不需要花费太大力气，轻松就能装好。此外，还可以伸长支架来增加床的高度。

操作简便型轻便床就像是放大版的折叠椅，虽然稍微有点重，但只需花上几秒钟的时间就能把它打开，非常适合在汽车露营时用。

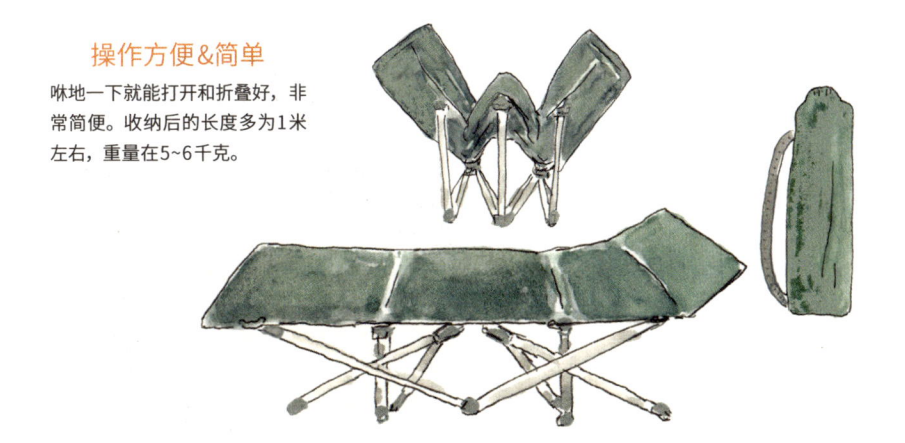

操作方便&简单

咻地一下就能打开和折叠好，非常简便。收纳后的长度多为1米左右，重量在5~6千克。

PART 3 tools 062

带上吊床，成为最佳露营者

吊床　放松　一物多用　小型

吊床的优点

即使在夏天也能清凉地入睡和放松。材质便于清洗。可以完全贴合人的身体曲线，据说睡在上面还能减轻腰痛。

轻便易携带

重量非常轻，折叠后十分小巧，对于想减少携带行李的孤身露营者也非常有用。一个吊床有多种用处，可以少带很多东西。

白天可以用来当椅子

搭成脚能碰到地面的高度，可以坐在上面看看书喝喝咖啡，就像是坐在摇椅上一样，非常舒服。

提升睡眠质量

轻轻地晃动以及被完全包裹的安心感可以使人进入深度睡眠。尝试以冥想的心情放松全身的力气，把所有的重量交付给吊床。

把吊床当成床来放松身体

不要只把吊床当成一种放松的工具，试着把它当成床吧。吊床可以包裹全身，支撑起人的全部重量，而不会给腰部和臀部造成负担，睡在上面你会感到身体十分轻盈，可以放松着进入梦乡。侧卧可以保持相对水平的状态。即便是那些会因为后背的空隙冷得无法入睡的时期，你也能在吊床上舒适地睡去。

不用考虑地面的状况也是吊床的一大优点。雨天可以搭起帐篷，有虫的季节可以挂上蚊帐，吊床的配套用品很齐全。如果你想在没有树的地方搭吊床，可以试试看自立式吊床。全新的乐趣和治愈感正在吊床中等着你，这可是在帐篷睡无法体验到的哦！

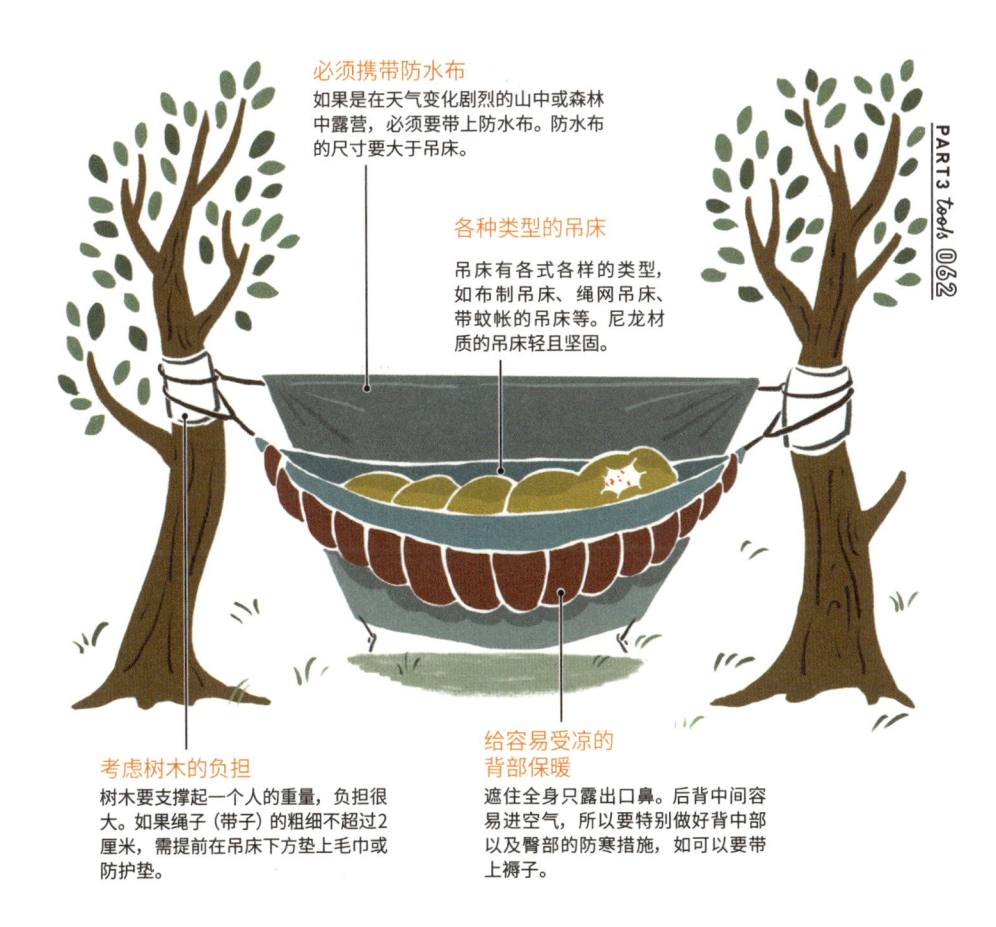

必须携带防水布
如果是在天气变化剧烈的山中或森林中露营，必须要带上防水布。防水布的尺寸要大于吊床。

各种类型的吊床
吊床有各式各样的类型，如布制吊床、绳网吊床、带蚊帐的吊床等。尼龙材质的吊床轻且坚固。

考虑树木的负担
树木要支撑起一个人的重量，负担很大。如果绳子（带子）的粗细不超过2厘米，需提前在吊床下方垫上毛巾或防护垫。

给容易受凉的背部保暖
遮住全身只露出口鼻。后背中间容易进空气，所以要特别做好背中部以及臀部的防寒措施，如可以要带上褥子。

PART3 tools **063**

完全合身的感觉真好！
寻找『灰姑娘式契合』

灰姑娘式契合　收纳　小型

- 铝饭盒的盖子
- 保鲜盒
- 铝饭盒的主体部分
- 保冷盒

寻找技巧
1. 以自己的手掌或手指为基准进行测量
2. 测量尺寸&制作样纸
3. 随身携带实物

灰姑娘式契合

"灰姑娘式契合"指的是不同制造商的商品之间完美契合在一起的情况。这种收纳方式不仅方便储存和运输，一旦沉迷后还有产生一种特别的快感。

例如，保鲜盒可以完美地放进铝饭盒，铝饭盒还可以再放进百元店卖的保冷盒，就这样保冷盒摇身一变成了收纳盒，能够完成类似于这种便利的奇迹般的连续组合真是一件令人心情愉悦的事情。

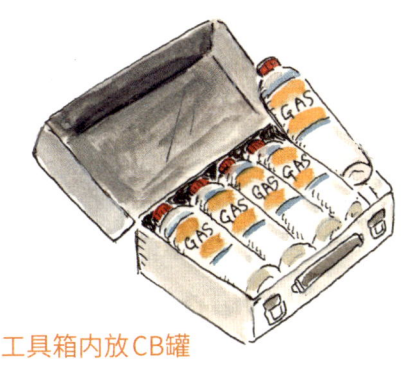

总之先试着找一找"灰姑娘式契合"

我们该如何寻找相互契合的商品呢？答案只有一种：不断尝试。你可以试着把家里的东西合在一起比对，或者把它们做成纸样拿到店里和那里的商品比对，在不断尝试的过程中，你就会找到能够完美契合在一起的物品。如果你是理论派，可以先测量出物体的尺寸进行对比，然后再将实物进行组合，比对的过程也是一种乐趣；如果你是感觉派，可以凭着直觉去尝试，当你找到契合的物品时就会油然而生一种快感。

我建议你去百元店和无印良品里寻找，那里的商品种类和尺寸都非常丰富。

需要注意的是，不能因为合身就忘记实用。即便再怎么恰到好处，也不能做出类似于把钉子塞到就餐时要用到的瓶子里的行为。

工具箱内放CB罐
无印良品出售的钢制工具箱刚好能装下CB罐。

水壶上放炊具
水壶的壶盖和炊具的底座大小能够刚好契合。小巧便携，还能用来热酒。

OD罐上放护具
露营用的燃气OD罐上放上百元店售卖的护膝和护肘后不容易生锈，搬运时也不容易摇晃。

PART3 tools 064

有效利用窄桌

收纳　空间　桌子　制造空间

乱糟糟……

舒服了

> 露营要用的工具比想象的要多

　　网上和杂志上的露营照片大都会在桌上摆上一些精心挑选的物品，营造出一种优雅地安度时光的感觉。然而现实情况却是这已经演变成了一片战场，各种食材、调味料、工具、厨具混杂在一起，就算想做点什么都腾不出一点儿空间。或许你可以稍微花点心思和工夫整理一下，但面对陌生的环境却无法做到和往常一样。这种时候可以走一条捷径——从物理上扩大空间。

增加辅助桌子的数量以确保活动空间

主桌不是储物区，在那里我们要进行各种活动，因此必须空出大部分的空间。这也是露营实现舒适和美观的小技巧。

所以除了主桌以外，我们还需要增加一些用来放置物品和工具的空间。

收纳箱上放上一块木板就能当桌子使用，还可以在旁边放上一些类似于小型桌子那样能够折得很小的东西。另外，还可以带上一块包袱大小的防潮布，有需要时可以把它铺在地上，非常方便（人也可以坐在上面）。有了副桌，餐具用完后就可以马上转移到那里，这样就能最大限度地发挥出主桌的作用。

收纳箱桌子
如果塑料容器上方什么都没有或者凹凸不平，可以装上一块木板，这样一来表面就会平坦，用起来更方便。

小型桌子
平时徒步旅行时随身携带的小型桌子可以在露营时当成边桌使用。

包袱布
如果有尺寸适中的布料，就能在露营中灵活、立体地制造出空间。

PART3 tools 065

打造舒适的智能厨房

厨房 空间 制造空间

标准横放模式

将所有东西以厨房餐桌为中心横着排成一列。这种风格最接近日常做菜时的情况。

单操快速模式

一种能在厨房中央专心做料理的模式。手边的空间容易不足，需要一些辅助桌子来扩大空间。

岛屿竖放模式

一种宽度窄、紧凑的模式。重点在于移动幅度小，拿东西方便。来回主桌也很方便。

厨房讲究移动线路，需要灵活配置

露营的厨房模式会根据使用的人及使用人数随之发生变化。多人烹饪时最好选用横着排成一排的标准模式，但一个人长时间烹饪时，建议选择横向移动较少的模式。想要集中注意烹饪可以选用围成一圈的单操快速模式；如果想一边做饭一边和家人聊天，建议选择岛屿竖放模式。去发现适合自己的方便移动的厨房模式吧。

PART3 tools 066

熟练使用雪拉杯
露营者的必需品

雪拉杯　一物多用　便利的烹饪工具

量杯
汤勺
碗
杯子
— 200
— 100
锅
（煮饭的）锅
平底锅

拥有一个属于自己的雪拉杯才称得上是一名露营者

　　雪拉杯源于美国自然保护团体"雪拉俱乐部"给俱乐部会员分发的东西。雪拉杯经各种制造商售卖，受到了全世界各国人群的喜爱，现在已经成为经典的露营用品。

　　雪拉杯的大小和形状都设计得十分巧妙，既可以把它当成杯子喝饮品，又可以用它来分餐，甚至还能用它来烹饪料理。不仅如此，雪拉杯还有一个巧妙之处——用来煮饭。你的情绪会在拿到自己专用的雪拉杯的那一刻瞬间变得高涨。请试着找到自己喜欢的杯子并长期使用下去。

PART3 tools 067

熟练使用万能烹饪工具——平底煎锅

平底煎锅 一物多用 便利的烹饪工具

铸铁锅
锅身和锅盖均用铁碳合金制成，上下均可加热，可替代铸铁锅。

当煮锅用
稍带深度的款式可以用来煮东西或做咖喱。

带盖子的款式

推荐深型

当铁板用
可以用来做烤肉和牛排等铁板料理。

当平底锅用
可以用来煎东西，如荷包蛋。还可以用来做其他各种料理。

只需要一个平底煎锅，什么料理都可以做出来

你有没有过这样的露营经历：带了一整套烹饪工具，如铸铁锅、平底锅等，结果又原封不动地把它们带回了家。刚开始露营时这样做没关系，但当你习惯露营以后不妨挑战一下只用一个平底煎锅解决露营中所有的就餐问题。从平底锅到铸铁锅再到各种烹饪工具，最后只需要一个带盖的深款平底煎锅就能将它们全部替代。你还可以把它当成一个美观的容器来用，这一点也很不错。

用来烤牛排
在篝火台上摆上小型的平底煎锅烤牛排。

用来做油蒜料理
用适中大小的平底煎锅做油蒜料理。

平底煎锅的保养方式
❶ 清洗（不用洗涤剂）
❷ 蒸发水分
❸ 涂上食用油

露营时有了平底煎锅将带来更多可能性

按人数准备小型平底煎锅烤牛排，烤完后可以直接把平底煎锅当成盘子来用，这样每个人就能享受到一份单独的牛排。把牛排放在篝火台上烤至刚刚好的程度，一份豪爽烤牛排就完成了。晚餐后的小吃可以用平底煎锅来一份用橄榄油做的油蒜料理。早晨还可以用它来煎个荷包蛋配上吐司做成一个盘子的量当早餐吃。

大家似乎都觉得平底煎锅是用铸铁制成的，保养起来一定很麻烦，但事实上却完全相反。用完后的平底煎锅不放洗涤剂直接用水冲洗干净，然后加热蒸发水分，最后用厨房纸蘸上食用油（橄榄油等）涂在上面就可以了，非常简单。

PART3 tools **068**

可以做出爽快的篝火料理！！

新趋势：用中华炒锅做篝火料理

中华炒锅　一物多用　便利的烹饪工具　篝火

除了炒还有别的做法！

露营用的中华炒锅
露营时用17厘米左右的单手型中华炒锅会比较方便。同时也准备一个专用来炒菜的勺子吧。

能够承受住篝火的中华炒锅存在感很强

　　露营加上中华炒锅，这种看似不怎么合适的搭配是最近的流行趋势。作为替代铸铁锅的经典烹饪工具，中华炒锅备受瞩目。中华炒锅能够很好地承受住篝火的强烈火势，烹饪出豪爽的料理，和露营意外地"般配"。市面上已经出现了面向户外的中华炒锅套装，今后应该也会越来越普及。你也试试看在大自然中晃动中华炒锅，度过一段充满野外气息的露营时光吧。

和帆布背包很搭
中华炒锅的圆形设计和帆布背包很搭，还能带去徒步式的露营用。

当成熏烤器具用
在没有专门的烟熏器具的情况下，也能用中华炒锅轻松做出熏制料理。中华炒锅的圆形设计很适合用来做熏制的食物。

用来蒸东西
在没有蒸锅的情况下，只要有百元店的万能蒸东西器具也能用中华炒锅来蒸东西。推荐用透明的盖子。

灵活使用中华炒锅，增加烹饪的可能性

中华炒锅不仅适合用来炒，还适合炖和煮。这是因为它的圆形锅底的加热快，可以均匀受热，而且还有一定深度，食物很快就能炖好或煮好。

你也可以用它来做熏制料理，首先在锅中铺上铝箔纸，放上熏制用的樱花树木屑，然后在上面架上圆形的烤网，接着放上奶酪、香肠、鱼肉山芋饼和水煮蛋（去壳）等食材，最后盖上盖子放在火上烤就可以。

另外，还可以在锅中倒上水，架上万能蒸东西器具，然后在上面放一层铝箔纸，铝箔纸上放上食材，最后盖上盖子，这样一来中华炒锅就摇身一变成蒸锅。因为中华炒锅可以用来蒸一些馒头之类的点心，所以它也能在家庭露营中大显身手。

PART3 tools **069**

选出最佳的冷藏箱

冷藏箱　收纳　小型　厨房

重量轻
最大的优点是轻便。尺寸适中，单手就能轻松拎起来。

可折叠
在露营淡季或者回途中可以把它叠起来。

价格便宜
价格比硬材质的冷藏箱便宜很多。同时购买多个也很便宜。

迈入软式冷藏箱新时代

提到露营用的冷藏箱，曾经人们用的都是大型的硬型冷藏箱，但随着技术的进步，软式冷藏箱的功能得到了提高，凭借其便利性，现在社会已经迈入了软式冷藏箱新时代。今后单人露营、短时间露营以及少人数露营会越来越多，轻便、便宜且灵活的软式冷藏箱随之出场机会也会越来越多。

手提袋式
外形和手提袋一模一样，平时买东西也可以带上它。

贝壳式
最新的贝壳款式。不仅可以折叠，还拥有媲美硬型冷藏箱的制冷效果。

箱子式
最常见的款式。这种款式由于折叠会变得十分小巧，多数带有设计感。

方法上也要花心思
将冷藏箱放在椅子、长凳或台子等稍高一些的地方，再在上面盖上一块铝制布料，可以延长冷气作用的时长。

保冷剂的摆放技巧
保冷剂最好是上下摆放，用冷气上下包裹的方式最佳。肉要放在小型的内箱里。

软式冷藏箱的最佳使用技巧

软式冷藏箱（冷藏包）的性能虽然比过去高了许多，但与硬型冷藏箱相比，它在制冷性能上还是有限度的。我们可以针对需要冷藏的物品，选用与之适合的款式，或者在保冷剂的用法上花心思，通过这两种方式来充分发挥出软式冷藏箱的冷藏效果。

肉类容易变质，需要先放入小型的冷藏袋，然后再放进软式冷藏箱，这样不仅能双重保冷，还可以最大限度地减少因开关盖造成的冷气损失。另外，在冷藏箱上盖上一块铝制布，或者将它放置在类似台子的稍微高一些的地方，冷藏箱就不会受到外部空气和地面热量的影响。

PART 3 tools **070**

在摇曳的烛光中感到治愈

蜡烛　灯笼　放松　夜晚

蜡烛灯笼
用茶烛做成的小型灯笼。价格在200元左右。

结构简单
只要把灯笼上面的零件拆开，然后把茶烛放回去，最后用打火机点燃即可，非常简单。

让帐篷笼罩在蜡烛灯笼的柔和的光里

如果你在晚饭后或收拾完想要放松一下时感到帐篷内的煤油灯或 LED 灯的灯光过于明亮，虽然把灯换成篝火是挺不错的，但收拾起来太麻烦，我建议你试试看蜡烛灯笼。蜡烛灯笼发出的光十分微弱，只能照到手边，摇曳的烛光和舞动的烛影构建出的一片治愈空间正是露营原有的模样。蜡烛灯笼价格便宜、灭火方便、保养简单，且在容易尝试这一点也非常吸引人。

定制蜡烛

❶ 取出蜡
拿起箔杯慢慢拉灯芯就能取出蜡。也可以拉灯芯的圆形底部，蜡也会轻易脱落。

蜡笔
用美工刀把喜欢的颜色的蜡笔削好加入蜡中着色。蜡笔和蜡都会很快融化。

芳香精油
滴入几滴喜欢的味道的精油添加香味，如薰衣草味或柑橘味。

❷ 温热熔化
将放有蜡、蜡笔和精油的碗放入温度大于80℃的热水中熔化（关火）。蜡在大于60℃时会熔化。

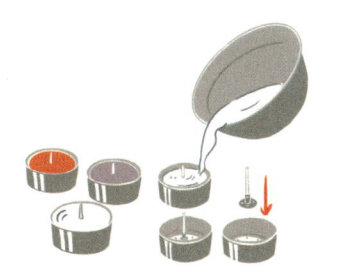

❸ 倒入原先的箔杯
在原先的箔杯中立起灯芯，倒入加热好的蜡。冷却30分钟左右就完成了。

定制茶烛

蜡烛灯笼中用到的茶烛可以在百元店轻易买到。露营用的防蚊香薰蜡烛也可以买到，但你要不要试试看自己定制茶烛？只需要给茶烛稍微加工一下，就能做出不同颜色且带有香味的原创定制茶烛。

只要轻轻拉茶烛的灯芯，就能将蜡轻松从箔杯中取出；拉灯芯的底部，蜡也会轻易掉落。把蜡放入温度大于80℃的热水中温热熔解，然后放入精油和削好的蜡笔（原材料和茶烛几乎一样）混合，接着在原来的箔杯中立起灯芯然后倒入制好的蜡，最后等它冷却就完成了。在露营地做原创定制茶烛也很有趣哦。

PART3 tools 070

PART3 tools 071

带上保温瓶会很方便

保温瓶　早晨　饮品

对保温瓶的期待

盖子可以当成杯子用
喝热的东西时，可以倒在杯盖里喝，这样喝起来会比较方便。

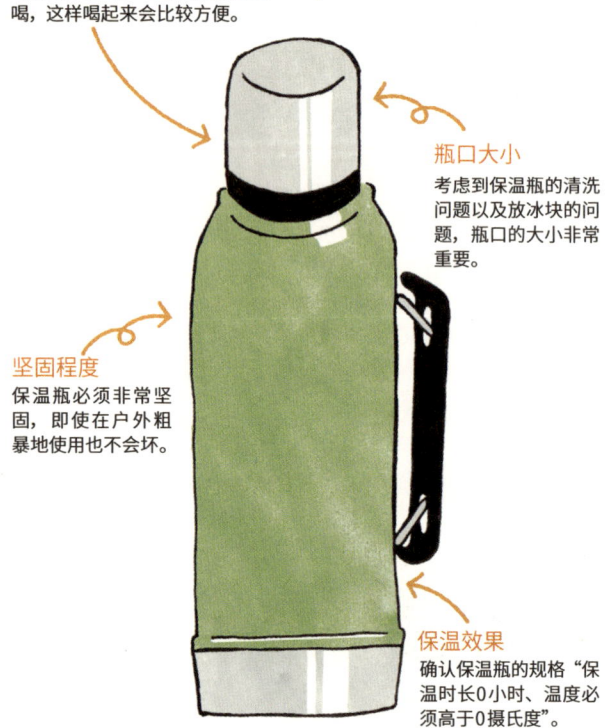

瓶口大小
考虑到保温瓶的清洗问题以及放冰块的问题，瓶口的大小非常重要。

坚固程度
保温瓶必须非常坚固，即使在户外粗暴地使用也不会坏。

保温效果
确认保温瓶的规格"保温时长0小时、温度必须高于0摄氏度"。

清晨的幸福感——昨天烧的开水到第二天早晨还是热的

在户外不能随心所欲地烧开水。当你想在寒冷的早晨喝上一杯热咖啡时，如果保温瓶里前一天晚上烧开的热水还是热乎乎的，你的一天都会充满好心情。当然保温瓶放的是冰的东西，那么它就会是冰的，冰在保暖瓶中很难融化。

市面上有各种品牌的保温瓶，露营时用大容量的保温瓶（1升），徒步旅行时带上小容量的保温瓶（500毫升左右），像这样分开使用会比较方便。

PART 3 tools 072

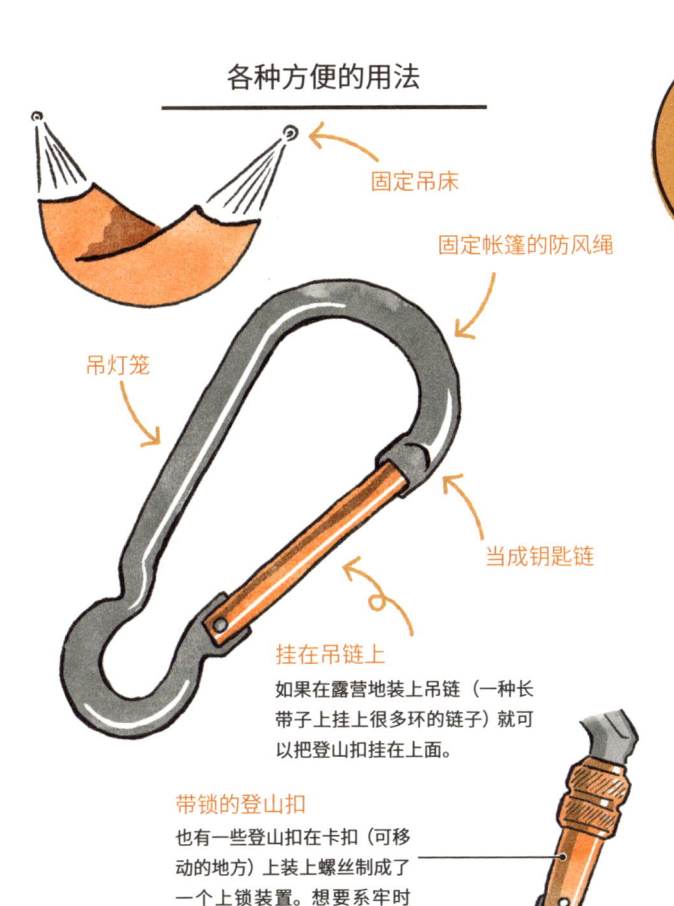

带上登山扣会很方便

岩钉钢环 一物多用

各种方便的用法

- 固定吊床
- 固定帐篷的防风绳
- 吊灯笼
- 当成钥匙链

挂在吊链上
如果在露营地装上吊链（一种长带子上挂上很多环的链子）就可以把登山扣挂在上面。

带锁的登山扣
也有一些登山扣在卡扣（可移动的地方）上装上螺丝制成了一个上锁装置。想要系牢时可以用上它。

收集五颜六色的登山扣也很有趣

登山扣是一个用金属制成的圆环，圆环上的门（卡扣）可以打开和关闭。登山扣原本是给军人用的工具，后来逐渐作为登山道具普及开来，现在已经成为户外活动的必备道具。登山扣可以用来吊挂有绳子的东西，它就像是一个可以上锁的S形钩子一样，非常方便。如果你想用登山扣来固定吊床，请提前确认一下它的最大承重力，每个登山专用的登山扣上都写有最大承重力（千牛）。登山扣有各种形状和颜色，用来收藏应该也很有趣。

PART 3 tools 073

选择露营达人们推荐的助燃剂

助燃剂 篝火 炭火 生火

固体助燃剂

在家居卖场等容易买到的主流助燃剂，价格便宜、简便且可靠，是助燃剂中的王牌。

火柴

前端是火柴，只要摩擦几下火柴上的助燃剂就会燃烧，非常实用。如果能用它潇洒地点火会非常酷。

液体助燃剂

与固体助燃剂相比，液体助燃剂的火火势更大。液体助燃剂中有一种类型是通过管子将助燃剂流到需要生火的地方燃烧，但如果要继续在燃烧的地方添加助燃剂引火，就会产生危险。如果要用液体助燃剂，选择小包装的类型会比较安全。

> **露营达人们表示用固体助燃剂生火非常快**

许多露营者都在不断地摸索究竟该用什么点燃木炭和柴火，经验越丰富的人越倾向于使用固体助燃剂。这是因为固体助燃剂不仅价格便宜，用起来也很方便，只要从袋子里拿出来掰开即可，此外它的燃烧时间也很长。其中，有一种混合了木屑和灯油的固体助燃剂，它很容易燃烧，所以柴火很容易就能被点燃，也因此受到露营者们的欢迎。不过这种助燃剂的味道很重，所以如果要做饭最好等到它完全烧尽之后再开始。

128

单头卡式炉的全套装置

首先必须要有防风装置。如果要在木质的桌子上用，还要准备隔热布。如果是冬天需要准备煤气罐保护罩。

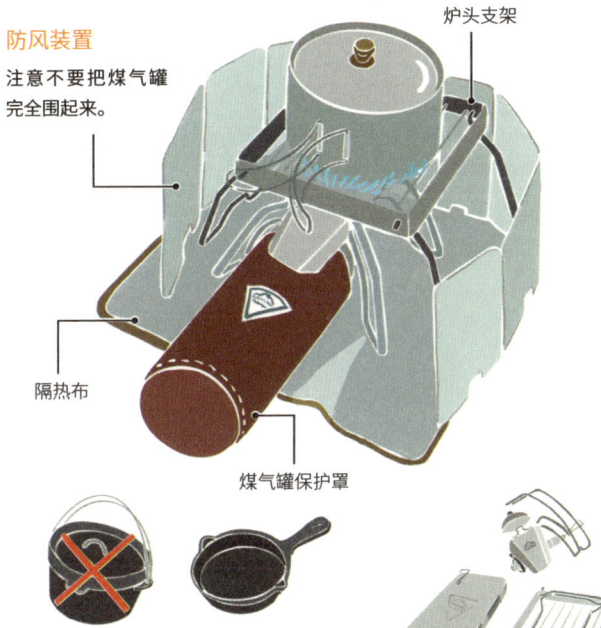

PART3 tools 074

熟练使用单头卡式炉

单个把手　厨房　小型　单人露营

防风装置
注意不要把煤气罐完全围起来。

炉头支架

隔热布

煤气罐保护罩

如果有煤气罐保护罩，还可以使用平底煎锅，但不能使用类似铸铁锅大小的烹饪工具，否则会盖住煤气罐，导致热量聚集。

折叠后变得十分小巧

单头卡式炉放在中间，其他装置根据喜好摆放

汽车露营中用到的设备比较多，主流的做法是带上三头炉卡式炉等露营装置，但等到习惯以后，也会想要更加轻松地享受周末的露营。全套的单头卡式炉装置在摆放时需将小型的单头卡式炉（单炉卡式炉）置于中央位置，其他可折叠的设备摆在四周，即便是这样简单的烹饪装置也能够做出正宗的露营料理。日常露营活动中如果用上这套装置架，还能做出更多种类的露营餐，例如可以把它架在餐桌上加热奶酪火锅。

PART 3　tools 075

在露营前一天晚上制作简单工艺品——自制酒精炉

DIY　单人露营　单头卡式炉　酒精炉　厨房

酒精炉的制作方法

材料
- 350毫升的铝罐…2个

工具
- 剪裁刀
- 金属剪刀
- 图钉
- 钳子
- 油性笔

A罐　B罐　C　2.5cm　3cm

❶ 切铝罐
将AB两个铝罐的底部分别切掉2.5厘米和3厘米。再将A铝罐的上面剪掉，剪出中间部分C。

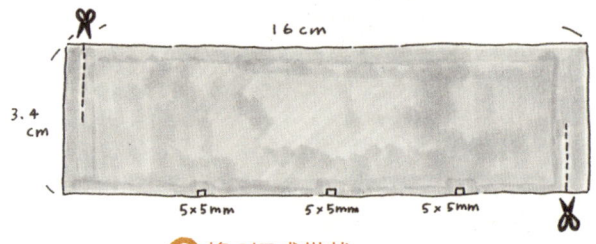

16cm　3.4cm　5×5mm　5×5mm　5×5mm

❷ 将C切成带状
把C切成带状后再按照上面的尺寸切好，两端分别从上到下、从下到上各切一半。在下端分成3等份的位置分别切出1个5毫米的正方形。

用两个空铝罐自制工艺品

酒精炉（工艺品）小巧便携，用它就能做出简单的料理，快试着自己做做看吧。材料只需要两个空铝罐，将它们切开，然后在上面钻孔，最后组装一下就完成了。

组装的诀窍在于尽量调节到没有缝隙，剪好的边用砂纸打磨一下会更好调整。因为酒精燃料的火看不到，所以在使用时一定要小心。另外，酒精炉在使用时不允许添加燃料。

❸ 去掉底部

将B罐的圆形底部全部去掉。可以用图钉在底部边缘连续钻小孔的方式来去掉铝罐底部。

❹ 钻孔

用图钉在B罐的底部侧面均匀地钻出32个孔。

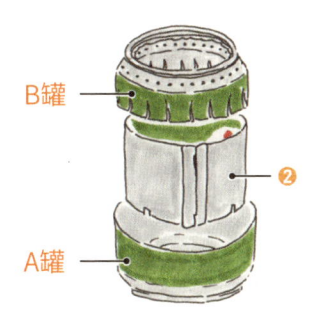

❺ 剪开下摆

用钳子将B罐被切一侧的下摆剪开一圈，剪成能够放入A罐的程度就可以。

❻ 组装

将剪好的❷折成大小合适的筒状立在A罐中央（有5毫米正方形切口的一端朝下）。然后将B罐从上方塞进A罐，调整到没有空隙。

使用方法

❶ 添加燃料

在酒精炉的中央倒入约30毫升的酒精燃料。

❷ 点火

用火柴在酒精炉中央点火，点燃后火焰就会从32个孔中冒出来。

注意事项 燃烧过程中不允许添加燃料。/周围不要放置易燃物。/切勿用酒精炉加热大尺寸的烹饪工具。

PART3 tools 076

自制料理台

DIY　厨房　桌子　空间

材料 （一个料理台）

- 锯马夹
  …4个（2组）
- 2×4木材…6组
  （4个桌腿2个横梁）
- 顶板…1块
- 螺钉（木螺丝）…48个

2×4木材是指尺寸为3.8厘米×8.9厘米的具有固定粗细和形状的木材，家居卖场出售的长约为1820厘米或2438厘米。顶板可以是一整块木板，也可以由多块木板横向拼接而成。

锯马夹

用来固定桌腿的金属零件。在家居卖场可以买到2只装的套装。锯马夹搭配直径为3.1毫米、长度为4.1厘米的螺丝钉正好合适，螺丝钉稍微细一点或者短一点也没关系。

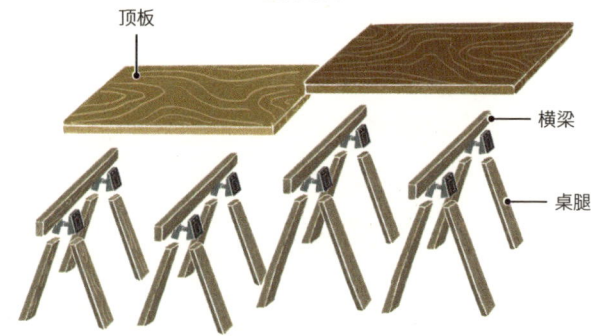

顶板　横梁　桌腿

❶ 规划结构

根据手边工具的大小和高度等来规划料理台结构。料理台比自家厨房的稍微高一点就行。横梁的长度最好比顶板的宽度稍微短一点，这样用起来比较方便。在家居卖场买木材时，可以请工作人员帮忙将它们切成想要的长度，这样后续制作时就会比较轻松。

用自制的料理台构建出一片理想的烹饪天地

我们很难像往常一样在陌生的露营地熟练地烹饪料理。要是能有一个适合自己的厨房料理台就好了……如果你也这样想，那就自己动手做一个吧！根据做饭的人的身高以及现有的道具做出一个理想的料理台。由于露营时我们是穿着鞋子做饭的，所以料理台的高度要做得比自家用的稍微高一些。可以去提供木材切割服务和电动工具租赁服务的家居卖场购买材料。

用锯马夹轻松完成制作

只要有锯马夹任何人都能轻松做出桌腿。规划好结构后就可以开始切割2×4木材，切好后用锯马夹和螺丝钉固定，然后在腿上放上横梁横向固定，最后只需要在露营地装上顶板就完成了。

如果只用螺丝钉固定单侧的锯马夹和横梁，还可以折叠起来。在横梁上面贴上橡胶板可以使顶板稳定。确定好顶板的位置后直接在背面钉上螺丝钉就完成了。你可以把桌腿的底部切成平行于地面的形状，但不切放在地上会更稳定。

❷ 安装桌腿

2×4木材中的桌腿切成自己喜欢的长度，用螺丝钉和锯马夹安装好。如果木材太硬可以用橡胶锤将螺丝钉敲进去，或者有电动螺丝刀就能轻松将螺丝钉拧紧。

❸ 安装横梁

把横梁（横着的柱子）放入两条桌腿中间，然后用螺丝钉固定。

桌腿的底部可以不切

❹ 安装顶板

把两条桌腿立起来装上顶板就完成了。

PART3
tools
077

自制户外灯笼架

DIY　丛林工艺　灯笼　刀

灯笼架
穿过灯杆吊起灯笼，利用灯笼的重量保持平衡。

运用丛林工艺制作灯笼架

灯笼架可以把灯笼挂在帐篷杆等杆子上，露营中有了它会很方便。灯笼架不仅可以挂灯笼，还可以用它来挂一些小物件。

一旦习惯运用丛林工艺自制东西后，就会想要尝试做一些更大的东西。你可以去柴火堆里找一找，或者到周围的森林一边散步一边找，找到合适的木头以后，就可以用求生刀把它做成一个原创的灯笼架。

灯笼架的制作方法

❶ 准备木材
准备捡来的木头或者合适的柴火。木材厚度大概在2~3厘米，长度在30~40厘米，宽度要比灯笼把手窄一点。

❷ 削孔
用小刀在木材上削一个洞，大小请参照灯杆的直径。为了不伤到刀刃，削的时候要一点一点来。还可以根据自己的喜好将木材削成喜欢的形状。

❸ 削凹槽
用背敲刀将挂灯笼把手的地方削成一个凹槽。

❹ 安装
把灯笼架的洞穿过灯杆挂在灯杆上，然后挂上灯笼。如果灯笼架比较松，可以用木片做成楔子插在灯杆和洞的缝隙中。

削孔是门技术活

自制灯笼架最难的步骤是不使用钻孔机给木片削洞，所以你需要一边测量灯杆的大小，一边用小刀仔细地削。如果枝节刚好在合适的位置，可以好好利用这一点。把洞穿过灯杆时，如果稍微有点松，可以用木片做成楔子插在灯杆和洞的缝隙中使其稳定。如果有尼龙绳就不用这么麻烦，可以直接用它在灯杆上套一个圈。

另外，灯笼架整体的形状可以按照个人喜好来决定，你可以不做修整，也可以在多次露营中一边欣赏篝火一边慢慢将它修整成漂亮的形状，这会很有意思。

078

地钉不够用时可以用树枝自己做

丛林工艺　地钉　刀

通过自制地钉
实现丛林工艺入门

地钉的制作方法

1 捡树枝

在森林和树林里一边散步一边寻找可以用来做地钉的树枝。如果用在帐篷上，长度在15~20厘米比较合适；如果用在防水布上，长度为30厘米左右比较合适。粗细和拇指（2厘米左右）差不多即可。将树枝笔直的部分剪下来备用。

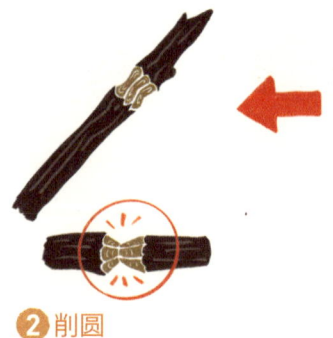

2 削圆

将要切的部分削成一个"V形切口"，然后折断。

3 尾切

把树枝折断的一侧削平整（尾切）。削的时候刀尖必须削向身体外侧，不要放在大腿之间削，要扭转上身朝向外侧削。

丛林工艺是指用小刀将森林和树林中的树枝或树木制成工艺品。最适合入门的是制作用来固定帐篷或防风绳的地钉。露营地搭帐篷时如果突然发现准备的地钉不够，可以在森林里捡几根树枝自己制作，这样一来搭帐篷的问题就能迎刃而解。用树枝做地钉还可以练习到用刀的技术，所以不妨在下午的放松时间试着认真做做看吧！

❺ 削尖端

像削铅笔一样将地钉头部削尖。如果削的角度太小容易断,所以可以先做几个找到合适的角度。

❹ 制作凹槽

给地钉做一个用来挂绳子的凹槽。用背敲(用刀敲打木棒使木棒分开的技术➡P160)的方式在树枝上切出一个口,然后将刀倾斜削出一个凹槽。

❻ 使用

用锤子把做好的地钉以45度左右的角度斜敲入地面。地钉和绳子的角度保持在90度比较合适。风大时可以通过增加地钉数量的方式来减轻单根地钉的负担。

制作地钉要用到许多用刀技巧

制作地钉时会用到许多与刀相关的技巧,请尽量安全谨慎地操作。

"V形切割"是指将树枝削成V形的技术,用它就能在树枝上削出一个"V形",再重复一次就能削出一个凹槽,这样一来树枝就能轻松被折断。折完之后再用尾切将它削平整,切好后用锤子就能轻松将它敲入地面。另外,还可以用背敲的方式敲地钉,背敲指的是用刀敲打木棒使木棒分开的技术,这样做出的凹槽既深又漂亮。

地钉的尖端用削铅笔的方法就能把它削得很漂亮。但如果要把歪树枝削出漂亮的圆锥形,你可就需要多加练习了。多做几根地钉来磨炼你的丛林工艺技巧吧。

PART3 tools 079

用捡来的木材自制三脚架

DIY　丛林工艺　三脚架

在森林中收集树枝用来做三脚架

　　如果把铸铁锅直接放在篝火上用，可能会因为火势太强而难以掌控火候。这种时候你可以在树林里或者河流边捡三根合适的树枝做一个三脚架。

　　树枝尽量挑选笔直的，直径在 2~3 厘米，长度要视篝火台的高度而定，不过要有 1.5 米左右。请勿用有裂痕或腐烂的树枝，尽量选择轻轻踩或压时能够感受到弹力的树枝。

三脚架的制作方法

❶ 剪掉枝头
如果捡来的树枝顶端有分杈，需要把它们都剪掉。3根树枝也要修剪成统一的长度。

❷ 绑住一端
用绳子将三根树枝在距离一端15~20厘米的地方绑起来，绑的时候还要将树枝稍微分开上下绑几圈。绳子要捆得紧一点以免松开。

❸ 展开树枝另一端
绑好一端后，将另一端展开架在篝火台（燃烧篝火的地方）上。

钩子

如果有适合的树枝还可以做成钩子。阔叶树的树枝形状比针叶树丰富，从中更容易找到适合用来做钩子的形状。

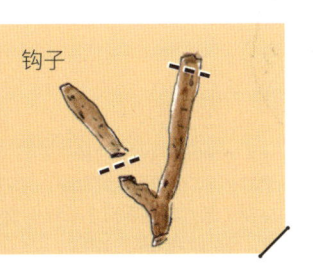

只要准备好树枝，制作三脚架非常简单

将枝头多余的部分剪掉，树枝修整成方便的形状。

将三根树枝集中在一起，用绳子在距离一端20厘米左右的地方绑5~6圈，然后将树枝稍微分开一些，用绳子交叉着再绑几圈后打上结，最后将树枝的另一端展开至能够平稳站住的程度就完成了，树枝底部稍微埋入地下一点就能平稳站住。在充分确认做好的三脚架不会翻倒或者因为被重物压散架后就可以拿来用了。

铸铁锅可以用绳子吊起来烧，但如果发现了形状合适的树枝，可以把它的槎桠做成钩子，然后用钩子代替绳子。将树枝在如左图所示的位置切开后，只要在底部切出一个凹槽就能用来挂住铸铁锅的把手。

PART3 tools 080

用伞绳给工具『升级』

伞绳的全称是『降落伞的绳索』

DIY　伞绳　定制

第二次世界大战期间，人们开发出了一种用于伞降的结实轻便的绳索——伞绳，而现在它作为一种登山和户外活动的基本工具被人们广泛使用。伞绳有各种各样的颜色，你可以把它编织成手链戴在手上，需要时可以把它解开当绳子用，像这种兼具时尚性和实用性的用法深受人们的欢迎。作为首饰使用的伞绳直径通常在 4 毫米左右，最大能够承受 250 千克的重量。

用打火机烧一下切口使它变硬

Level 1 地钉

切一段 20 毫米左右长度的伞绳穿过地钉的孔打上结。这样你就能很容易发现地钉的位置并把它拔起来。不仅如此，还可以把它当成一种标记和别人区分开来。

Level 2 雪拉杯

把伞绳编织缠绕在雪拉杯的把手（锅柄）上。每个把手大概需要 2~3 米的伞绳。缠上伞绳后把手不仅不易受热，还能起到防滑的效果。

伞绳可以用在各种露营工具中

首先，伞绳有各种各样的颜色，非常适合把它做成首饰戴在身上或者用它来做标记。如果把它系在地钉上，即使在地面和草丛中也很容易发现，打上结拔起来也很方便。伞绳式尼龙材质的，切口用打火机烤一下就会熔化然后变硬。

雪拉杯或者刀的把手上缠上伞绳后用起来会更方便。此外，卷起来戴在身上的伞绳可以随时解开来当绳子用。

由于伞绳具有颜色丰富、结实和轻便的优点，我们可以用它替换掉用来固定帐篷或防水布的所有防风绳。另外，如果用自己喜欢的颜色的伞绳来装饰露营地，你会越发爱用它。

Level 3 刀

把伞绳缠绕在刀柄上用来防滑。用上一些复杂的编法来彰显个性也不错。

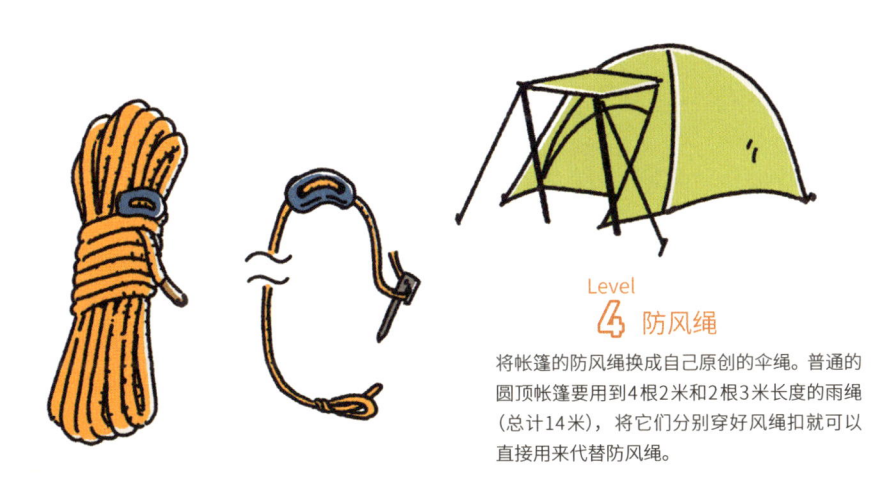

Level 4 防风绳

将帐篷的防风绳换成自己原创的伞绳。普通的圆顶帐篷要用到4根2米和2根3米长度的雨绳（总计14米），将它们分别穿好风绳扣就可以直接用来代替防风绳。

PART3 tools 081

用原创标志装点工具和装备

DIY　定制　时尚露营

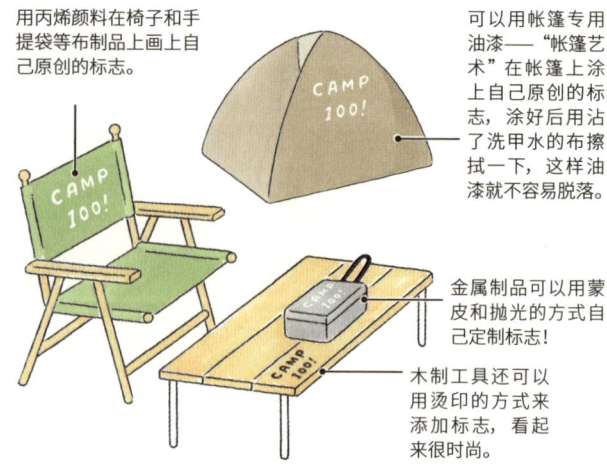

用丙烯颜料在椅子和手提袋等布制品上画上自己原创的标志。

可以用帐篷专用油漆——"帐篷艺术"在帐篷上涂上自己原创的标志，涂好后用沾了洗甲水的布擦拭一下，这样油漆就不容易脱落。

金属制品可以用蒙皮和抛光的方式自己定制标志！

木制工具还可以用烫印的方式来添加标志，看起来很时尚。

给木制品添加烙印

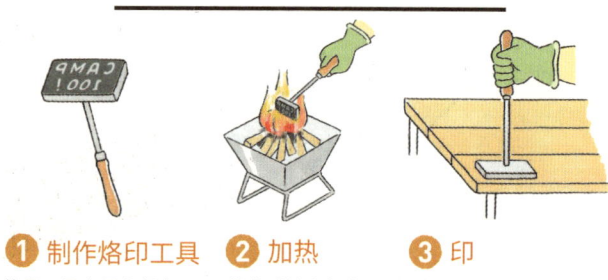

① 制作烙印工具
烙印工具在网上很容易买到，价格在5000日元左右。

② 加热
用炉灶或篝火加热烙印工具。

③ 印
将烙印工具压在木制品上印上烙印。烫印不可用于塑料制品。

创意最实用

露营旺季时，要想在"帐篷海"中找到自家的帐篷实属不易。这个时候如果在自己的帐篷上印有一个个性鲜明的标志，我们就能立刻找到它，从厕所或饮水处回来时也就不会迷路。

另外，一些受欢迎的工具也容易和别的露营者"撞型"，如果在上面贴上自己原创的标志就能防患于未然，最重要的是，你会加倍喜欢用它。同时装饰本身也是一件让人感到快乐的事情。

给铝饭盒添加标志

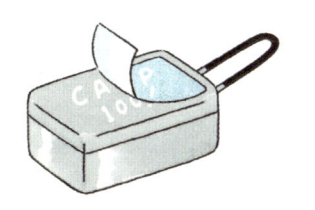

❶ 贴
贴上单独成字的贴纸。

❷ 打磨
用磨料（金属磨削液）将铝饭盒表面打磨得锃亮。

❸ 撕去贴纸
撕下贴纸清洗，等铝饭盒干了就完成了。贴了贴纸的地方和打磨过的地方存在高度差，标志会突出来。

给布料添加标志

❶ 标志模具
用剪掉标志文字的纸或者去掉标志文字的贴纸作为标志的模具。

❷ 颜料
将丙烯颜料和木材黏合剂混合搅拌，配比以1：1为宜。颜料可以选择自己喜欢的颜色。

❸ 涂
将标志模具放在椅子上，用海绵把搅拌好的颜料在模具表面涂开，干之前取下模具。

❹ 熨斗
干了以后在上面铺上一张料理纸用中温（140℃~160℃）熨烫。

给各种物品添加自己原创的标志

一些不用受热的金属制品可以用类似油漆的普通涂料来添加标志，但如果是炊具和铝饭盒等经常受热的物品就用蒙皮和抛光的方式来完成。

不需要清洗的布料，如折叠椅的布料可以用混合丙烯颜料和木材黏合剂的方式来添加标志。如果是衣服等需要清洗的物品则可以用纺织墨水。

PART3 tools 082

给露营『做减法』——携带最少的工具

一物多用　小型　收纳　单人露营

多功能防水布
只要改变搭法，多功能防水布既可以当成帐篷用也可以当成防水布用。有了它就能减少一些行李的重量（地钉和防风绳都是套装）。

收纳箱桌子
在装行李的收纳箱上铺上木板做成桌子就能一物两用。

把轻便床当成长椅用
如果要在多功能防水布里睡觉，用轻便床睡会比用睡袋睡更加舒服。轻便床还能当成长椅用（睡觉的时候盖上毛毯）。

做完减法后的工具还剩七样

越喜欢露营的人带的行李就越多，而行李变多了反而会给我们造成麻烦，索性将行李减少到最少，尝试轻装上阵参加露营，或许从中你会发现新的乐趣。

例如只带这七样工具：❶多功能防水布（加上绳索）、❷轻便床（加上毯子）、❸灯笼、❹卡炉、❺炊具、❻万能工具、❼锤子。将它们装在收纳箱带去露营地，去享受一次做减法的露营吧。这次露营唯一缺少的就是丛林工艺品。

统一燃料类型

灯笼和卡炉都用同一类型的燃料。瓶装天然气比较容易买到。

灵活使用万能工具

万能工具是所有工具类用品的集合。万能工具中除了附带刀的类型还有附带叉子的类型。

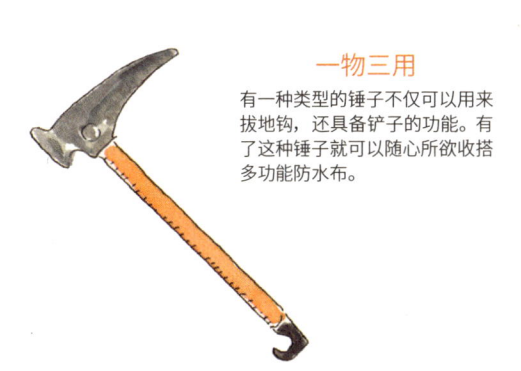

一物三用

有一种类型的锤子不仅可以用来拔地钩，还具备铲子的功能。有了这种锤子就可以随心所欲收搭多功能防水布。

"压缩"装备的 3 个建议

减少装备的关键是统一和一物多用。如果将灯笼和卡炉中用的燃料种类统一起来，就不用带多余的装备了。你可以带上类似于万能工具这样的多功能装备，给露营行李做一做减法。你还可以大胆挑战只带万能工具去露营，看看究竟能做到什么程度，这也很有意思。锤子很难找到代替品这点出乎意料，但如果锤子既能用来拔地钉还能兼具铲子的功能，就能用它来搭帐篷。

如果早上天气好，可以抱上一个收纳箱跳上车去开启一段"不方便"的露营之旅，这种做法有点露营达人的味道，你还会从中获得一些新发现。

PART 3 tools 083

保养心爱的工具和装备

保养　帐篷　睡袋　铸铁锅　冷藏箱

帐篷
清洗时用剩下的洗澡水，在水中加入中性洗涤剂然后用脚踩。可以把它挂在阳台的晾衣架上晾干。

延长工具和装备的使用寿命的方法——回去后立刻保养

　　露营结束回到家时已经筋疲力尽，暂时什么都不想做。这是人之常情，但这时只要稍微再坚持一下给露营装备做个保养，它们就一定会"回报"你。

　　例如，把帐篷放在干燥阴凉的地方晾干散掉水汽，如果脏了，可以把它放在浴缸里用脚踩洗干净后再晾干。如果找不到地方晾，可以把它盖在车顶上。

146

完成马上要做的事情，下次露营时就会很轻松

睡袋
可以洗也可以不洗。把它挂在通风良好的地方去除水汽。

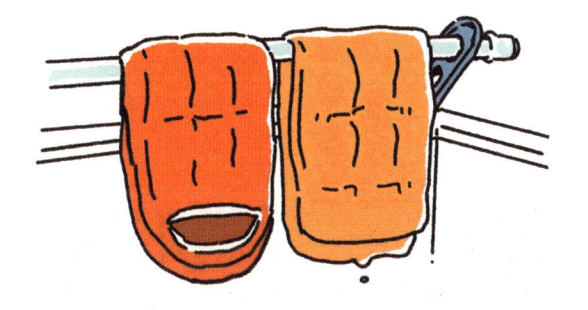

睡袋用完后如果放着不管很容易产生难闻的气味。即便不清洗也要把它挂在通风良好的地方晾一晾，这样可以去除渗透到棉花里面的水汽。

铸铁锅

1. 倒入用其他水壶烧开的热水。
2. 用木铲清除锅内的污垢。
3. 开火蒸发掉所有水分。
4. 锅内涂上一层植物油。
5. 一边加热一边把油擦干。
6. 等到不冒烟后关火冷却。

有一些露营工具需要重点保养，最具代表性的就是铸铁锅，如果不好好保养它，转眼间就会变得锈迹斑斑，之后的露营也就用不上它了。露营地中不具备给铸铁锅做保养的良好条件，所以回到家后必须马上行动起来。

冷藏箱
加入中性洗涤剂用流水冲洗干净，然后在通风良好的地方晾干后收起来。

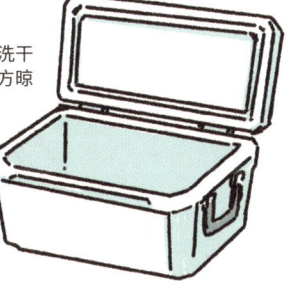

冷藏箱容易滋生细菌，回家后请把里面的东西全部取出，并把它打开一段时间。如果下次打开冷藏箱时还能闻到臭味，那就太遗憾了。

PART 3 tools 083

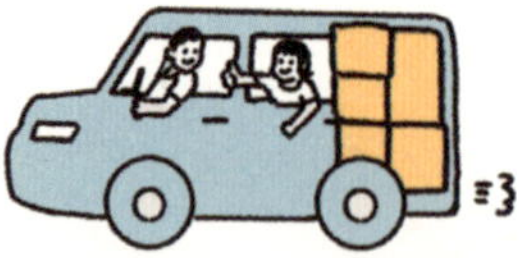
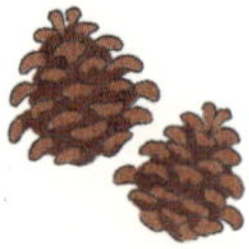
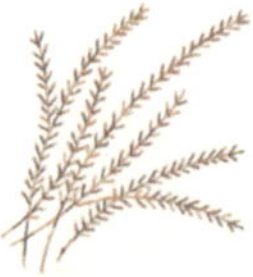
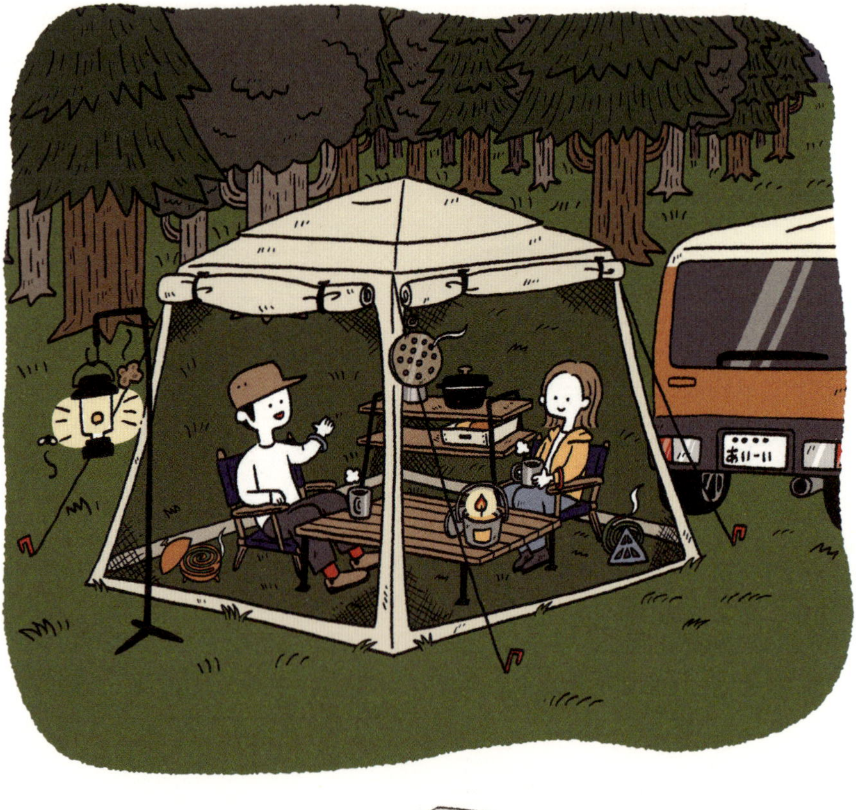
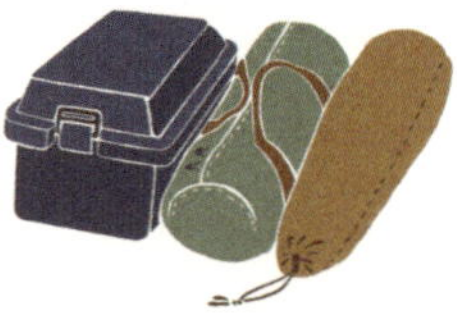
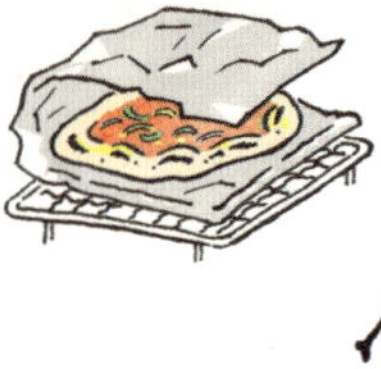
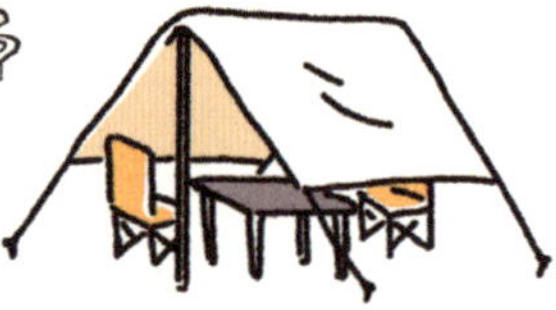

PART 4
令人引以为傲的露营技巧

technique

露营中，

当不便和麻烦降临时，

正是你创造和发明的好时机！

当越来越多的事情能够高效地完成，

露营也会越变越有趣。

露营技术只有在一次又一次的

实践中才能得到磨炼哦！

PART4
technique
084

露营者展现技术的时刻——装载行李

准备 装载 车 收纳

装载的基本技巧
先把所有东西全部集中在一个地方，然后根据东西的重量和使用顺序依次装上车。

把后用到的东西往里面放。有时也有一些东西用不上一直放在车里。

到达露营地后将立刻要用的东西放在跟前，如帐篷、防水布、桌子等。

轻的放在上面，重的东西放在下面。

装载的秘诀在于预先把握整体布局

你是不是打算把分散在家中各处的露营工具一个一个拿出来装上车？

装载的基本原则是"先用的东西放在跟前，重的东西放在下面"，因此有必要提前找个地方把所有行李摆放一遍，把握好行李的整体布局。你可以在客厅或者玄关上铺上一块防潮布，然后把整理好的行李按顺序摆放一遍，这样等到正式装载时就会很顺利。防潮布会在露营中最先用到，所以最后再把它装上车就行。

在摆放行李上稍微花点心思

桌子和椅子等大型物品摆放起来比较容易，但像灯笼、炊具等小件的东西按照使用目的归类后分别放入收纳箱里会比较方便。到了露营地后这些小件物品反正是要分开来用的，所以用折叠收纳箱带过去就行。

为了充分利用车内有限的储存空间，我们可以把一部分行李放到其他行李之间的空隙中，还可以竖着堆放行李，利用好车内的纵向空间。

桌子不折叠可以制造出两层放行李的空间，这样不仅有效利用了空间，同时还便利了行李的拿取。如果你经常去露营，也可以准备一个专门用来放行李的架子。

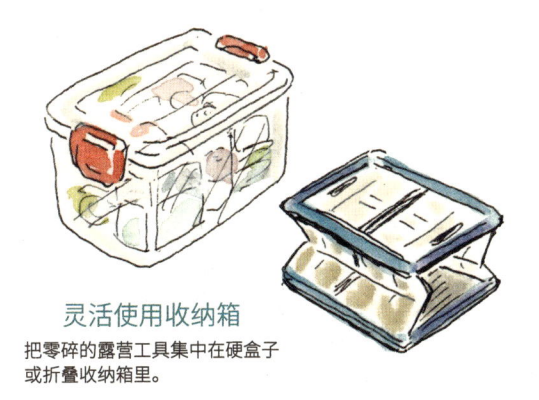

灵活使用收纳箱
把零碎的露营工具集中在硬盒子或折叠收纳箱里。

竖着摆放
椅子和桌子竖着摆放比较容易取出来。

衣服分成小份
把衣服分成小份分开装入手提袋后，就能放进各个行李之间的空隙里。这样还能起到缓冲的作用。

行李放成两层
桌子不折叠，用它制造出上下两层放行李的空间。

PART4 technique 084

PART4
technique
085

搭帐篷前先确定方向

帐篷　风　布置露营场地

风景

早上起来后，如果能在帐篷里看到太阳从山间升起就能快乐地度过一整天。

> 好不容易来一趟，得好好欣赏绝美的风景

　　决定帐篷入口的朝向时，首先考虑的就是风景。到达露营地点后首先要环顾一圈周围的风景，这样就可以根据自己的喜好决定帐篷到底是朝向山脉、湖泊、森林还是其他。

　　如果有可能，可以将帐篷的入口朝向东边，说不定次日的清晨在帐篷里打盹的你将欣赏到旭日东升的绝美景象。

风向

帐篷入口对准风吹来的方向或者可以防风的树林的方向会比较好。

倾斜

睡觉时头朝向帐篷搭得高的一侧，脚朝向矮的一侧。另外，如果头朝向帐篷内侧会比较好，便于人多的时候进出。

巧妙地安置帐篷，与自然和谐共存

露营是一种在大自然中进行的活动，所以不是每一次都能碰上适合露营的条件，例如有时会遇上强风，有时不得不在倾斜的地形上搭帐篷。

强风天，风有时会吹进帐篷里，把整个帐篷都卷跑。所以搭建帐篷时，入口要背风，这样风就会沿着帐篷边缘吹走，我们就能避开风的"干扰"。

另外，露营地的地面看起来是平的，但事实上总有一些地方是倾斜的。搭帐篷前，你可以**按照这个标准来安置帐篷**，先铺一块防潮布躺上去感觉一下地面的高低，睡觉时头应该朝向高的那一侧。

PART4 technique 086

一个人也能将帐篷搭得又快又好

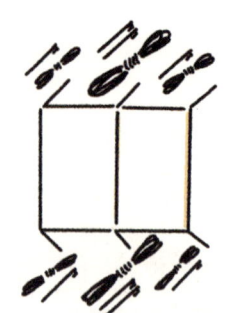

防水布　布置露营场地　单人露营

① 布置
铺开防水布，在防水布的两个长边的中央位置分别放置1根主杆、1根长防风绳和1枚地钉，四个角落分别放置1根副杆、1根防风绳和1枚地钉。

② 安装主杆
把主杆在放倒的状态下伸直，把杆头插入防水布的扣眼里，挂上长防风绳（两端有风绳扣），用地钉以45度的倾斜角度固定在地面，这个时候不要去撑防水布。

③ 第一根
撑起一侧的主杆并调节同侧的风绳扣轻轻拉起2根防风绳。

首先要做的是布置

防水布要搭得好是一件非常困难的事情。不过没关系，只要从一开始能把主杆立好，即便是一个人也完全有可能搭出来。赶紧把下面的步骤记一记吧，这样一个人露营时就不会为搭防水布的事情而困扰了。

首先要做的是布置好所有组成部分。在地面上铺开防水布，在规定的位置上放好帐杆、防风绳和地钉。像这样事先把所有必要的东西放在相应的位置，这一点非常重要，这样一来正式搭的时候就不会手忙脚乱。

地钉的位置

主杆的地钉应固定在使主杆的防风绳与中心线成45度角的位置。副杆的地钉应固定在距离对应副杆根部1~1.3米的位置，同时必须保持对角的防风绳在同一水平线上。

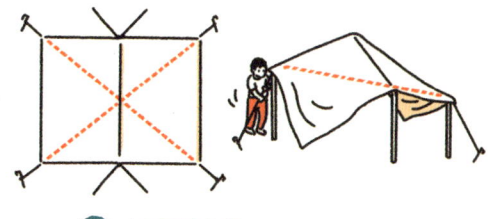

❹ 第二根

一边拉防水布一边走到第二根主杆的位置把它立起来，然后轻轻拉紧防风绳。

❻ 立起四个角

把副杆分别插入防水布对应的四个角落的扣眼后立起来。在地上钉上地钉，挂上防风绳固定住所有副杆。

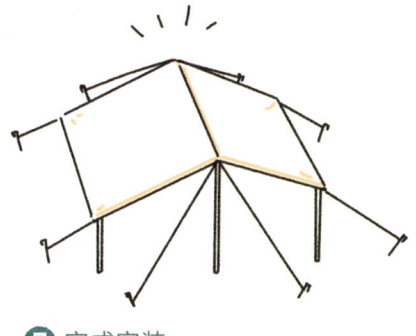

❺ 撑起防水布

调整4根防风绳，将两根主杆牢牢固定住。

❼ 完成安装

一边控制平衡，一边调整防风绳使防水布稍微松下去的地方完全撑起来，调整好后就完成了！

首先把主杆的杆头插进防水布的扣眼里，挂上两根防风绳，然后用地钉固定在地面（共固定4处）。其中，防风绳与帐杆要保持45度倾斜，地钉到帐杆的距离要与帐杆的长度差不多。然后立起第一根帐杆，轻轻拉起对应的防风绳。紧接着拉起防水布，在保持第一根帐杆不倒下的情况下立起第二根帐杆。只要牢牢固定住防风绳，主杆就能立稳。

防风绳与地面的角度呈45度时主杆比较容易立稳。

在这之后只要把四个角的副杆立起来，把对应的防风绳沿对角线拉好就完成了。上述搭法中用到的技巧还可以运用到搭六角帐篷中。

搭好防水布的关键在于调整好地钉以及防风绳的角度

PART 4 technique 087

用一小时完成令人郁闷的撤离

撤离　装载　车

提高收拾行李效率的技巧

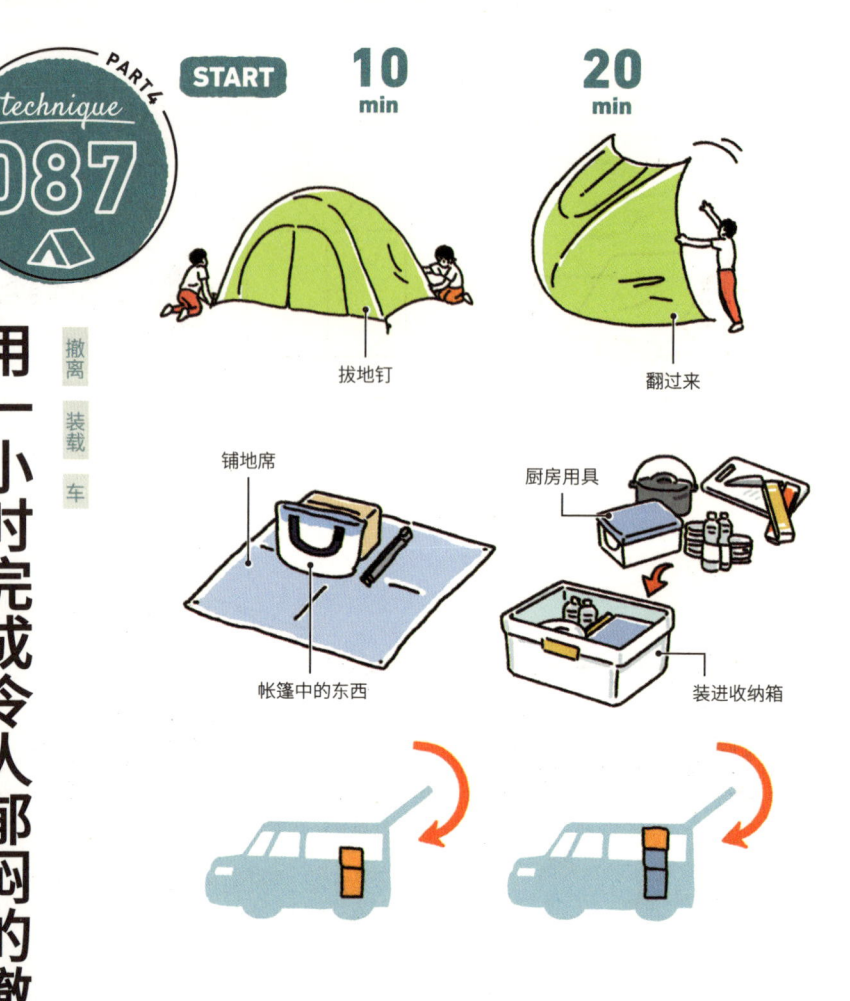

START | **10 min** 拔地钉 | **20 min** 翻过来

铺地席 — 帐篷中的东西

厨房用具 — 装进收纳箱

　　有没有这样的一种人：总是赶在露营结束才开始收拾行李撤离。如果能够迅速收拾完行李从容地回到家中，露营带来的疲劳也会容易消除些。

　　行李很难装回来时的样子，但请勿盲目地把它们往车里塞，你可以把行李用地席包起来放入收纳箱中，然后往箱子的空隙中继续放小物件。另外，帐篷的背面经常会沾上地面的湿气变潮，所以你需要把里面的东西清空，然后翻过来晾干，这一点很重要。如果是多人露营，大家可以在早饭前分摊好收拾任务并且一点一点收起来，这样之后就会轻松很多。收拾的铁原则是先收不用的东西。

30 min　　**40** min　　**50** min　　**60** min

拆帐篷

收帐篷、桌子和椅子

收防水布和地席

最后收好垃圾

PART 4 technique 087

把行李装回出发时的样子

　　出发前装行李的原则是把先会用到的东西装在外面。虽然回去的时候没必要在意这个问题，但如果把来时整好的行李的样子拍下来，撤离的时候就能拿来作参考，到时候就能毫不犹豫地把行李装上去。这种方法还可以避免行李装不下的情况发生。防水布和防潮布要在最后放上车，可以把它们塞进空隙中。垃圾在后期也会产生，所以把它放到最后整理吧。如果需要把垃圾带回家，为确保车内有足够的装载空间，可以把所有能折叠的东西全部折起来，如冷藏袋等。

157

PART4 technique 088

进一步享受篝火

篝火　植物

星形＋山形
将细柴火间隔60度左右呈放射状排列，生出的火可以烧很久，适合长时间烹饪料理或晚上放松时点燃。在中央多放一些柴火把它叠成山形，火势会变大。

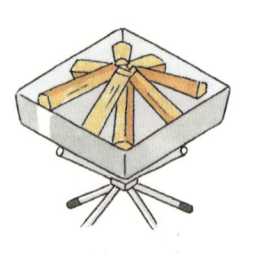

井桁＋梯皮
外侧用柴火堆成井桁，里面用火柴堆成圆锥状的梯皮。火势大，燃烧时火苗旺盛。梯皮很难单独立在篝火台上，所以在外侧围上了井桁。

平行型
在两根粗木柴上像搭桥一样摆上一些细木柴。这种摆法放铸铁锅很容易，适合烹饪时搭。

长时间燃烧型
在两根粗的木柴（圆木）之间放细木柴或树枝，这种搭法可以长时间持续地燃烧，所以最适合用来取暖。

试着搭一搭基本的类型

熟悉使用篝火台以后，试着进一步享受篝火吧。即使是燃烧同样的柴火，不同的柴火组合方式也能形成不同的火焰。最标准的组合方式将柴火排列成放射状，即星形，如果在中间叠加更多的柴火就会变成"星形+山形"，你就能享受到长久且旺盛的篝火了。把木柴堆成井桁的形状就能生出旺盛的篝火，像烧暖炉时摆放木材那样并排放置两根圆木就能生出长久持续的篝火，像这样改变木柴的排列方式就能生出不同性质的篝火。请尽情尝试各种不同的组合方式吧。

杉木、橡树、麻栎

露营地售卖的柴火都是一些当地容易买到的木材，所以基本上没有选择的余地，但如果你提前订购，就能尝试各种不同种类的木材。树木大致可以分为两种类型：针叶树和阔叶树。通常来说针叶树更容易燃烧，而阔叶树的燃烧时间更持久。了解了树木的特性后，试着搭配一套自己喜欢的柴火套装吧。

针叶树

- 杉木…易燃且火势旺，适合用来生火。针叶树的导管（输送水和养分的通道）呈直线状，火容易通过。
- 落叶松…油分含量高，燃烧旺盛。由于密度大，所以十分耐烧。缺点是烟多，不适合在烹饪的时候用，但可用于最初的生火。
- 柏树…针叶树中比较耐烧的类型，但不容易点燃。可以和易燃的杉木组合在一起使用。

阔叶树

- 橡树…最普通的一种基本款柴火，不仅容易买到而且耐烧，用起来也很方便，是柴火中优等生一般的存在。
- 麻栎…一种高级柴火，烧出的火比橡树更旺盛和持久。
- 樱花树…常用作熏制木材，气味好闻。火势和持久度不太理想。
- 榉树…最大的特点是硬，火势和持久度虽然都不太理想，但把它当成炭火来烧可以烧很久。
- 槲树…被称为"柴火之王"。虽然由于比较稀有所以价格昂贵，但优点很多，如十分耐烧、产生的烟少等。

篝火的三项铁规

1 燃烧时人不得走开

点燃篝火后必须保持篝火旁有人在。露营地天气多变，没烧尽的柴火很有可能被突来的风吹走。

2 备好灭火的水

有时我们会一不小心就把火生猛了，当火势有可能造成危险时，只要浇上一桶水，就能解决安全隐患，所以切记准备好灭火的水。

3 彻底熄灭篝火

篝火结束后，要把所有未燃尽的柴火全部放到灭火桶里或者扔到指定的地方，确保彻底熄灭火苗。

technique 089 PART 4

用背敲的方式劈柴火

篝火　背敲　刀　丛林工艺

背敲用到的木棒（也可以用合适的木柴代替）。

惯用一只手拿用来敲刀的木棒（木柴等），另一只手拿刀。

狩猎刀

柴火太粗不可燃时
柴火太粗不可燃或不易燃时，用背敲的方式将它劈成易燃的粗细即可。

即使没有斧头也能劈柴

柴火太粗就很难点燃，生火时需要把它们劈成适宜的粗细。

大多数人认为劈柴必须用到斧头，但事实上刀也能用来劈柴，只要把刀抵在柴火上，然后用木棒敲打刀背，刀子就能插入木柴中把木柴劈开。这种方式叫作背敲。除烧火外，如果还能体验到劈柴的乐趣，篝火的乐趣将会倍增。

2~3根柴火就足够

柴火准备能够点燃的量就足够了。请勿把它们劈得太细。

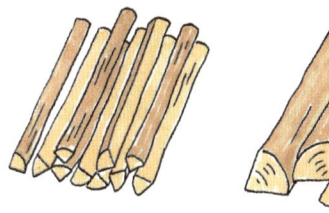

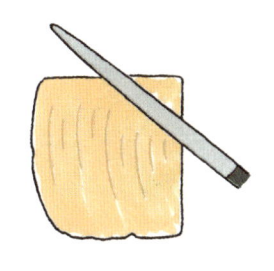

❶ 背敲要从边缘开始

用刀刃抵住柴火的一个角进行背敲，将木柴劈成两根手指的粗细左右。

❷ 劈到下面时用手掰开

如果用刀将木柴劈到底，会很容易受伤，所以劈到下面差不多位置时，就用手掰开。

PART4 technique 089

　　背敲的诀窍在于先将刀刃插入要劈的柴火的一角。插好刀刃后就可以用棒子笔直地将刀敲下去，劈到下面但还没完全劈开时将刀拔出，用手掰开木柴。

　　准备三根粗木柴劈成适宜粗细就足够了。木柴太细会不耐烧，所以请勿把它们劈得太细。

　　另外，柴火的节子可能会损伤刀刃，所以劈的时候要仔细观察木柴，避开有节子的地方。折叠刀不适合用来背敲。背敲用的刀子中有一种狩猎刀（P178），它的刀片一直延伸到刀柄最外端，你可以试试看用它来劈柴。

将木柴劈成适宜粗细的技巧

161

PART4 technique 090

用原始的方式生火

篝火　镁棒　木刨花棒　丛林工艺　生火

制作木刨花棒

用刀来做木刨花棒。将劈好的柴火的尖端用刀削出像羽毛一般蓬起来的刨花。多做几根就能用来生火。

准备引火物

松塔和枯树叶

解开的麻绳

杉木的枯叶

树皮（白桦）

挑战稍微有些难的生火方式

用打火机和助燃剂就能轻易点燃柴火，然而熟悉这种方式以后内心总会有种不满足的感觉。如果你也有这种感觉，就挑战一下带有求生意味的生火方式吧。倒不是要你用木头钻木取火，这种做法太夸张了，试试看用镁棒来生火吧。镁棒是一种以镁元素为主的金属棒，通过与刀等物品摩擦产生火花，原理和打火石相似。

生火的步骤

❶ 摩擦镁棒

用小刀对准引火物摩擦镁棒使其擦出火花。

❷ 输送氧气

用吹火棒向点燃的引火物吹气使火变大。

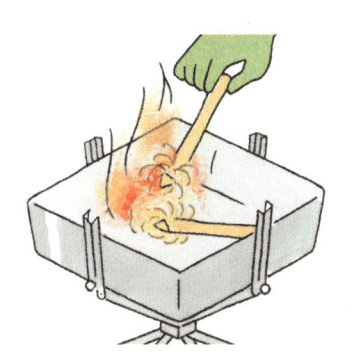

❸ 点燃木刨花棒

引火物的火变大后用它点燃木刨花棒，接着用木刨花棒将柴火按照从细到粗的顺序点燃。

用镁棒生火时并不是直接用摩擦出来的火花去点柴火，而是要先点燃引火物做出一个小火种，引火物可以用枯树叶、松塔、白桦树皮或者松散的麻绳等容易燃烧的东西。

然后需要用吹火棒把火种的火吹旺，等到吹得差不多了用火种的火点燃木刨花棒等更大的东西上，紧接着再用木刨花棒点燃柴火。木刨花棒上缠上麻绳会更容易点燃。

刚开始的时候可能做不好，但这毕竟是人类长久使用过来的一种生火方法，失败也是很正常的，请勿着急，一步一步慢慢来。

从小火种点燃柴火

PART4 technique 091

早晨也可以享受篝火的乐趣

篝火　早晨　放松

一边取暖一边悠闲地吃早餐。

柴火可以少放一点，这样收拾起来会方便一些。

用篝火温暖寒冷的清晨

在晚上生篝火是露营的经典活动，但早上的篝火也很不错哦。想象一下，在一个雾天的早晨，呼吸着露营地清新的空气，耳边传来噼里啪啦柴火燃烧的清脆声响，你一边用篝火取暖一边做早餐，然后度过一段特别的时光。这时，如果你用三明治机烤些爱吃的东西或喝上一碗汤或一杯咖啡，一整天都会充满活力。一旦开始收拾行李撤离，露营的氛围就会瞬间消失，所以趁着篝火还在燃烧，悠闲地度过这一段时光吧。多烧些水倒进水壶里。篝火完全灭火需要很长时间，所以柴火要少放一些，还要尽早灭火。

使木炭复燃的方法

① 堆到中间
将木炭堆到中间，同时弄掉灰烬。

② 放上引火物
在木炭上放上麻绳、枯树叶等易燃物。

③ 制作火种
加入助燃剂点火，然后用吹火棒大量吹气。

④ 放入柴火
火种做好后放上木刨花棒和柴火。

重燃木炭，「复活」篝火

即使在前一天睡觉前用灭火桶将木炭的火完全熄灭了，到了第二天木炭仍旧能生火，而且更容易点燃，这是因为木炭沾上了湿气而且木炭中输送氧气的孔也变多了。"复活"篝火首先需要将木炭堆到篝火架中间，同时清除多余的灰烬，然后在炭火上放上引火物用打火机点燃，接着用吹火棒对着它吹气就能迅速点燃炭火。

有时要用吹火棒吹很长时间才能使木炭重燃，不过由于炭火很容易点燃，就算是用镁棒也能使它重新燃烧起来。

PART 4 technique 092

120%灵活使用救生刀

丛林工艺 刀 保养

镁棒
一些救生刀的刀鞘上装有镁棒。镁棒使用时需要用刀背摩擦。

平常要收进刀鞘里
救生刀在用完后不能直接放着不管,要把它收进刀鞘(护套)里。

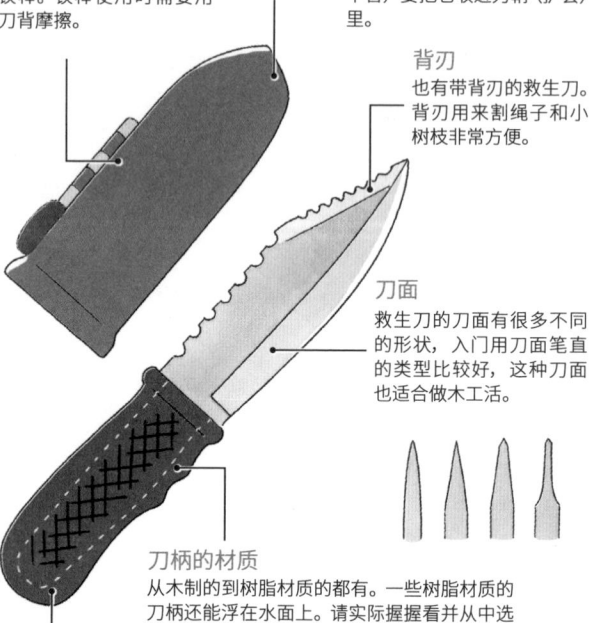

背刃
也有带背刃的救生刀。背刃用来割绳子和小树枝非常方便。

刀面
救生刀的刀面有很多不同的形状,入门用刀面笔直的类型比较好,这种刀面也适合做木工活。

刀柄的材质
从木制到树脂材质的都有。一些树脂材质的刀柄还能浮在水面上。请实际握握看并从中选出称手的刀柄。

狩猎刀
狩猎刀的刀片一直延伸到刀柄最外端且刀本身容易受力,所以可以用于背敲。

折叠刀
折叠刀是指对折后能够将刀刃收进刀柄里的刀,如法国国刀欧皮耐尔(opinel)。

挑选适合丛林探险的刀

第一把丛林探险刀最好不要选择折叠刀,而应该选择做工扎实的狩猎刀,你可以选一个带刀鞘的狩猎刀。

狩猎刀是指刀片(刀刃)一直延伸到刀柄最外端(刀柄)的刀,即使承受很大的力量也依旧很坚固,可以放心使用。如果需要加工木材,我建议使用刀面笔直的斯堪刃直刀。

如何在丛林探险中使用刀具

户外用的刀与美工刀相比，刀刃更厚也更锋利，所以用的时候要非常小心。一般来说用刀时身体要朝向外侧，小幅度使用时要用大拇指抵住刀往前推，动作不要突然过猛。

使用小刀有三个铁规：
❶不可以把小刀放在两腿之间使用，应该转动上身朝向腿外侧用刀；❷递刀时要确保刀装在刀鞘里再放下，然后让对方来取；❸要确保在你伸手可及的范围内没有其他人。

要想刀用得更久，保养很重要。保养刀需要先把刀放入热水中用中性洗涤剂清洗，洗净后要完全晾干，接着要给刀涂上一层油，以便保存。

削的幅度大
削的时候注意刀口朝外，同时不能朝有人的地方削。

削的幅度小
用大拇指按住刀慢慢推着削。

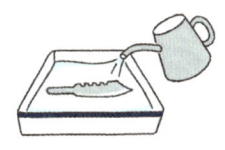

清洗
在60度左右的热水里放入中性洗涤剂把刀清洗干净。

晾干
放在毛巾上完全晾干水分。

涂油
用厨房纸在刀刃上涂上食用油。

放在身体外侧使用
腿的内侧相较于外侧拥有更多重要的血管，为避免受伤应将刀子放在腿的外侧使用。

交接时要先把刀子放下
直接给别人递刀经常会发生危险，要养成把刀收好放下再让别人拿的习惯。

确保伸手可及的范围内没有其他人
拿刀前要先伸出手转一圈，确认是否会碰到别人。

三大结绳术

PART4 technique 093

结绳术　帐篷　防水布

称人结

一种能够形成固定大小的绳圈的绳结，优点是稳固且容易拆解。

① 打一个绳环，活端从绳环中间穿过
② 按照①中的箭头所示穿过活端 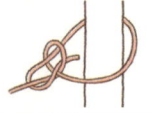
③ 收紧活端即可 

连钩结

一种不使用金属零件也能调节绳索长度的绳结。

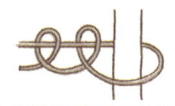

① 活端绕着对面的绳子打两个半扣结
② 活端绕过打好的两个半扣结，然后再打一个半扣结 
③ 收紧活端 

渔人结

连接两根绳索时用到的一种绳结。

① 将两根绳子平行放置，用其中一根绳子绕着另一根绳子打一个单结
② 另一根绳子也打一个同样的单结 
③ 收紧两根绳子使两个绳结靠在一起 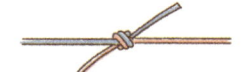

想让你掌握的三种绳结

绳子的系法有非常多种，不过只要掌握了最常用的3种系法，就能顺利安置好自己的那片"露营小天地"。

首先要掌握的是称人结，这种绳结最适合把绳子系在树干等粗的东西上用，它也很容易解开。其次是渔人结，渔人结可以将两根短绳快速地系成一根长绳，非常方便。第三种连钩结可以让帐篷和防水布搭得更漂亮。

PART4 technique 094

忘带的东西可以用铝箔纸做出替代品

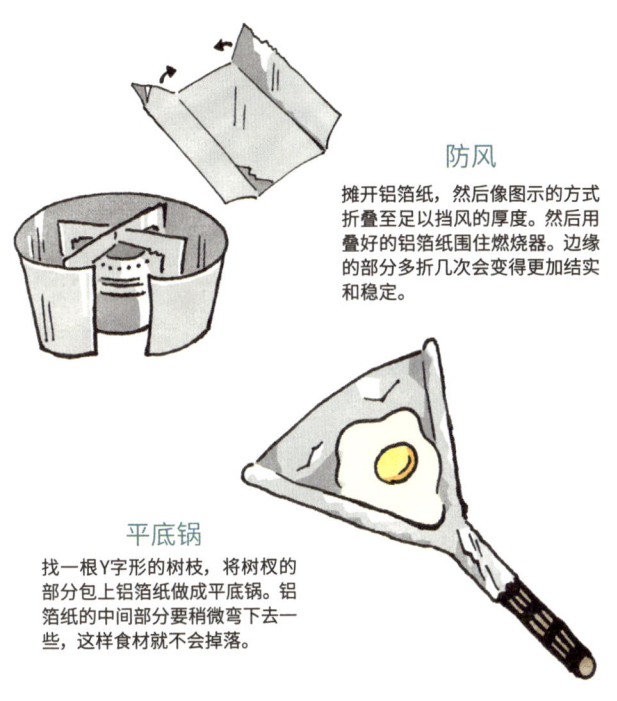

铝箔纸　DIY　便利的烹饪工具

比萨炉

用铝箔纸把铁丝网包起来放在篝火架上，然后再把上面的铝箔纸轻轻盖在比萨上形成一个类似于箱子的形状。比萨会受到来自上下两个方向的热量，可以烤得很好。其中，上面的热量是铝箔反射的热量。

防风

摊开铝箔纸，然后像图示的方式折叠至足以挡风的厚度。然后用叠好的铝箔纸围住燃烧器。边缘的部分多折几次会变得更加结实和稳定。

平底锅

找一根Y字形的树枝，将树杈的部分包上铝箔纸做成平底锅。铝箔纸的中间部分要稍微弯下去一些，这样食材就不会掉落。

万能的铝箔

如果你想做比萨却苦于没有烤盘和烤箱，或者一不小心忘带了平底锅，又或是……只要有铝箔纸，就能做出各种各样的东西来代替这些工具。例如，当酒精灯的火被风吹得不稳定的时候，可以把铝箔纸叠在一起做成一个坚固的防风装置。所谓有备无患说的就是这种情况。

我建议你用露营地的铝箔纸，因为那里卖的是烧烤专用的铝箔纸，比较厚。

PART4 technique 095

用蓝色防水布搭帐篷

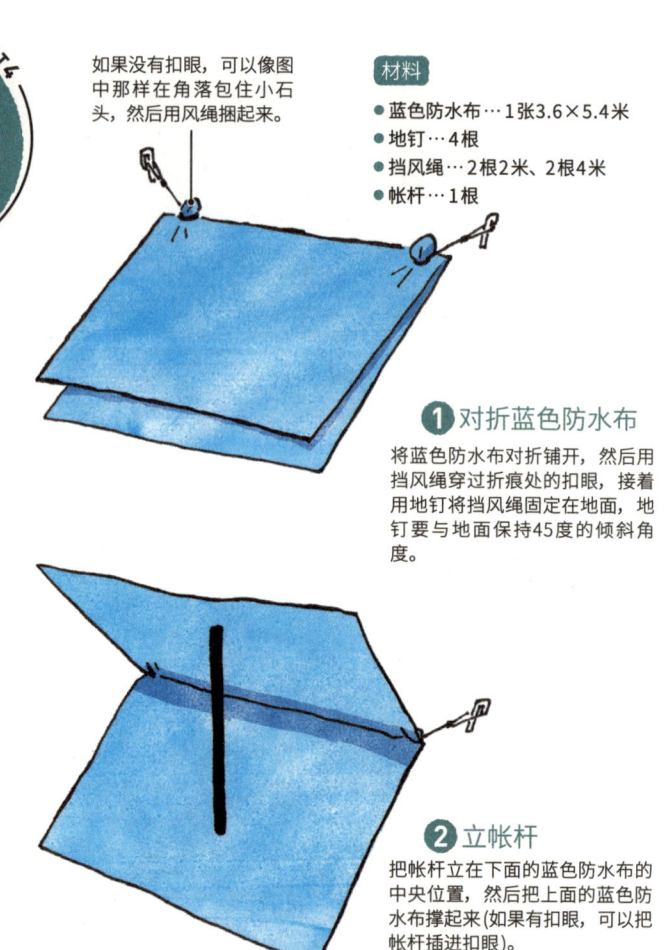

蓝色防水布　帐篷　地钉　结绳术

如果没有扣眼，可以像图中那样在角落包住小石头，然后用风绳捆起来。

材料
- 蓝色防水布…1张3.6×5.4米
- 地钉…4根
- 挡风绳…2根2米、2根4米
- 帐杆…1根

❶ 对折蓝色防水布
将蓝色防水布对折铺开，然后用挡风绳穿过折痕处的扣眼，接着用地钉将挡风绳固定在地面，地钉要与地面保持45度的倾斜角度。

❷ 立帐杆
把帐杆立在下面的蓝色防水布的中央位置，然后把上面的蓝色防水布撑起来（如果有扣眼，可以把帐杆插进扣眼）。

> 需要时可以把蓝色防水布搭成帐篷的形状

用市面上卖的帐篷不够刺激！想要更加体验到那种野外生存的感觉！对于这样的勇士们，我推荐你们试试用蓝色垫搭一个帐篷。

首先将蓝色防水布对折，拿一根挡风绳穿过靠近折痕位置的扣眼（金属圈）后用地钉固定住。接着打开上面的蓝色防水布，将帐杆笔直地立起来，杆头顶到上面的蓝色防水布。帐杆的长度如果是上面的蓝色防水布长度的一半就刚刚好。

170

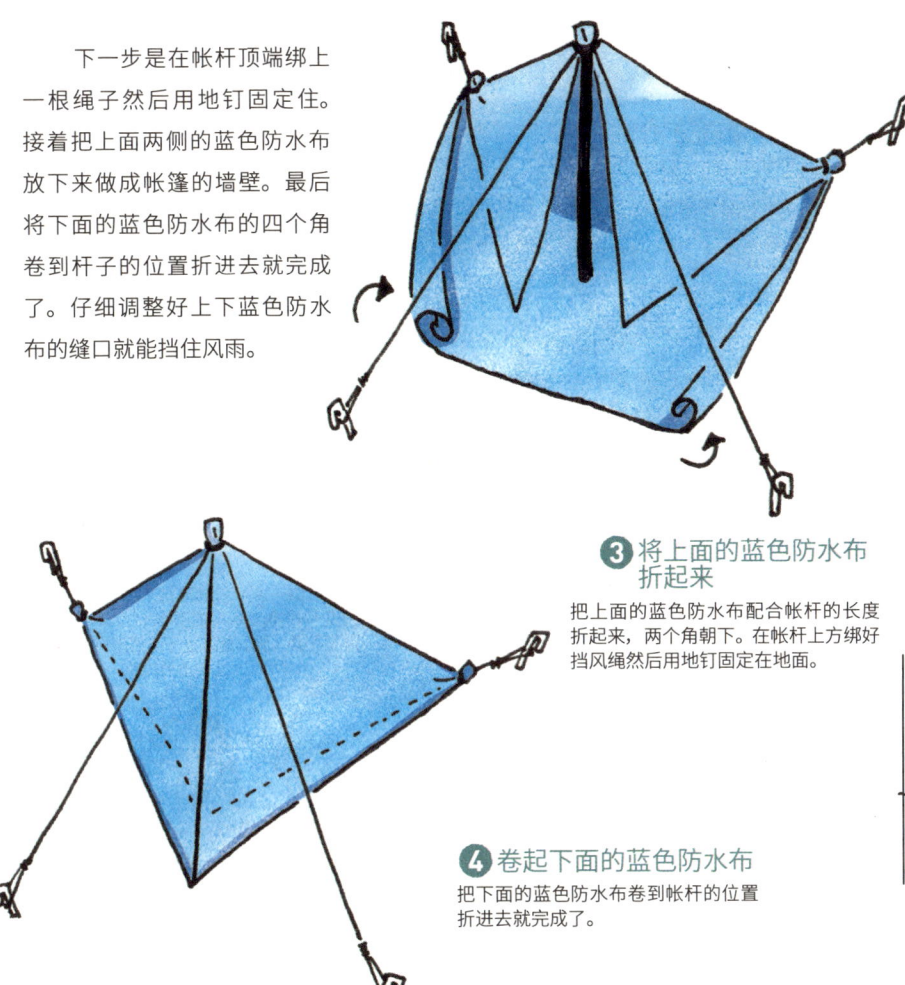

下一步是在帐杆顶端绑上一根绳子然后用地钉固定住。接着把上面两侧的蓝色防水布放下来做成帐篷的墙壁。最后将下面的蓝色防水布的四个角卷到杆子的位置折进去就完成了。仔细调整好上下蓝色防水布的缝口就能挡住风雨。

❸ 将上面的蓝色防水布折起来

把上面的蓝色防水布配合帐杆的长度折起来，两个角朝下。在帐杆上方绑好挡风绳然后用地钉固定在地面。

❹ 卷起下面的蓝色防水布

把下面的蓝色防水布卷到帐杆的位置折进去就完成了。

刚开始露营的时候，或许你只会带帐篷和防水布套装里配好的地钉和挡风绳，但随着露营次数的增加，你可以多带一些以备不时之需。如果带上两根可以改变长度的帐杆还能根据需要搭出不同形状的帐篷，非常方便。

带上备用的地钉、挡风绳和帐杆

PART 4 technique 096

体验军事风露营

军事的　军用规格

天幕帐篷
原本是作为军队野营时使用而开发出来的一种单人帐篷，但把它当成防水布来用也很不错。天幕帐篷没有底面，用的时候可以在里面铺上防潮垫和轻便床。

波兰军帐
波兰军队中用到的一种由两个斗篷组合在一起搭成的小型帐篷。

组合式睡袋
三种不同类型的睡袋组合在一起形成的组合型睡袋，可以根据气温变化单独或重叠使用睡袋。全部重叠使用可以应对低于零下30℃的气候。

体验高规格的军事装备

为了在残酷的战场上生存下去，军事装备通常都会采用高规格的物品，而这些装备一旦进入日常生活，就会变成一种"衍生品"。露营用品中就有很多这样的"衍生品"，粗犷的设计和高水准的配置正是它的魅力所在。

建议先从军用刀具、军用炊具等小件物品入手，等到熟悉以后再购买帐篷、睡袋等大件物品。

PART 4
technique
097

用布打造出一片美丽的露营空间

时尚露营　布置露营场地　豪华露营

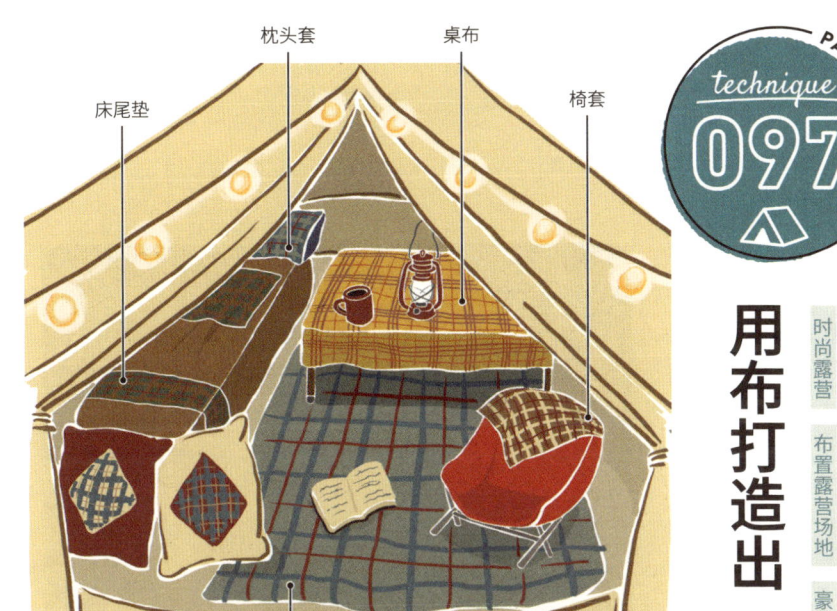

布置的关键在于整体的统一感和色调

如果你想把自己的露营空间打造得像豪华露营地那样时尚又漂亮，我建议你在小件的布制品上下功夫。请试着铺上毯子、装上椅套以及桌布等物品，这样不仅不用买帐篷和防水布，营地还会变得时尚又漂亮。颜色和花纹统一以后买起来会容易一些。购买时，目光不要只锁定在露营用品上，你还可以去家具店和杂货店逛一逛或者自己动手做。

- 床尾垫
- 枕头套
- 桌布
- 椅套
- 地毯

最好用的当属花呢格子。花呢格子的颜色搭配非常丰富，说不定就有你喜欢的款式。

其他受欢迎的花纹

- 本土花纹
- 部落花纹
- 北欧花纹

PART 4
technique
098

用灯笼驱虫

灯笼　驱虫　布置露营场地

在远处挂一个明亮的灯笼。

自制身体喷雾
在喷雾瓶中以1∶9的比例倒入无水乙醇和水，再加入10滴薄荷油均匀混合在一起。

用防水棚隔开外面

点上蚊香。蚊香架有很多好看的款式。

手边放一盏昏暗的灯。也可以放一个驱虫的蜡烛。

营地必然会招来虫子

身处大自然中，即便再讨厌也避免不了虫子向我们靠近。既然无法避免，只希望尽可能离它们远一点。基本的驱虫方法是在远处挂上明亮的灯笼。这样一来，具有趋光性的虫子（蛾子等）就会聚集到灯笼附近，基本上不会来到桌子和篝火旁边。接着再点上蚊香或驱虫的蜡烛就能营造出一片舒适的空间。另外，还可以安上一个大装置——防水棚，把它当作蚊帐来用会很有效果。

PART 4 technique 099

枕头 想要睡个好觉

确保第二天的体力！用枕头睡个好觉

小巧程度

如果是用于露营，物品的小巧程度非常重要。

空气型　★★★★★
海绵型　★★
自动充气型　★★★★

防滑程度

只要把枕头套进枕头套里，头部在某种程度上就不会发生偏移。但有一些材质的枕头即使套上了枕头套，睡觉时还是会给人移动或者不稳定的感觉。

空气型　★★
海绵型　★★★★★
自动充气型　★★★

能否改变高度

如果地面倾斜的问题能够通过改变枕头的高度解决，应该可以睡上一个好觉。

空气型　★★★★★
海绵型　★
自动充气型　★★★

适合露营时使用的枕头的三大要点

露营时要想第二天精力充沛，前一晚的睡眠很重要，而睡得好的关键在于时常被人们小看的枕头。一个适合自己的好枕头会让你感觉像睡在家里一样舒服。

露营中用到的枕头主要有三种类型：注入空气的空气型、直接就能用的海绵型以及打开后会膨胀的自动充气型。这三种类型的枕头的体积、高度调节性能和防滑性能都不一样，你可以好好对比一下，然后选出适合自己的类型。

PART 4 technique 100

用露营装备应对灾害

防灾对策　收纳

应急物品

应急物品指的是接到避难指示时立刻带出去的东西，也叫作一次应急物品。除了防灾套装之外，帆布背包里还要放入一天的食物、换洗衣物、手电筒以及万能刀等物品。

需要准备的应急物品

- 饮用水（2升×人数）
- 食物（1天的量）
- 急救毯
- 头盔
- 劳保手套
- 运动鞋
- 衣服和毛巾
- 塑料袋
- 太阳能电池和普通电池
- 一次性暖宝宝
- 牙膏和牙刷
- 湿纸巾
- 便携式马桶
- 厕纸
- 急救包
- 贵重物品和身份证复印件

避难时派得上用场的户外物品

- （登山用）帆布背包
- 防寒用品和雨具
- 刀和万能工具
- 打火机和镁棒
- 雪拉杯
- 绳索（8米以上）
- 地席
- 头灯
- LED灯

提前准备好应急物品

避难指示只要一发出就必须立刻到最近的避难所避难，如果这时才开始准备行李就会耽误避难时间，将自己陷于危险的境地。因此我们必须要提前做好准备，以便迅速应对任何突发灾害。你需要将避难时方便使用的露营工具以及防灾套装、衣服和食物等紧急物品提前放入背囊中。

二次应急物品

二次应急物品指的是避难时间较长时临时回家取的东西。要考虑到暂时拿不到物资的情况。二次应急物品要尽可能方便携带。

需要准备的应急物品

- 饮用水（6升×人数）
- 蔬菜汁
- 食物（7天的量）
- 厨房纸
- 拖鞋和凉鞋
- 衣服和毛巾
- 塑料袋和保鲜膜
- 牙膏牙刷
- 肥皂和洗发水

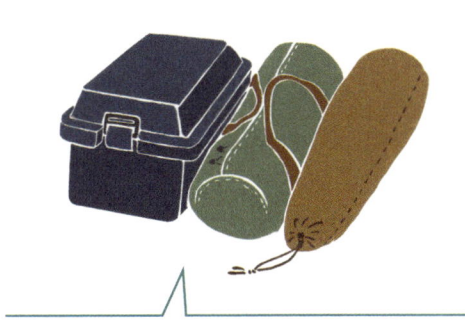

避难时派得上用场的户外物品

- 灯笼
- 睡袋
- 垫子
- 毛毯
- 炊具
- 燃烧器
- 煤气罐
- 餐具和刀具
- 水壶
- 保温瓶
- 铝箔纸
- 帐篷
- 防潮垫
- 帐杆
- 挡风绳和地钉
- 锤子
- 防水布
- 篝火架
- 吹火棒
- 助燃剂
- 柴火
- 铲子

提前预想好所有可能发生的情况，做好万全的准备

如果可能要长时间待在避难所，有时会出现回家取二次应急物品的情况。但我们并不知道家里目前处于什么状况，而且取东西的时候也不能做任何犹豫。所以让我们设想一下当灾害发生后，绝不可能出现我们在家里来回找东西的情况，这样一来我们就需要提前把应急用品放进收纳箱，然后再把箱子放到一个可以顺利拿取的地方。

二次应急物品除了食物和洗漱用品外还可以带上睡袋、垫子、小型帐篷、椅子、燃烧器和炊具等物品，这样会比较安心。食物和燃料大都有保质期，你可以把这些东西在露营时吃掉或用掉，然后再买入新的。

图书在版编目（CIP）数据

精致露营物语：星空下的山川湖海 /（日）Figinc编；姚秀近译. — 广州：广东旅游出版社，2024.3
 ISBN 978-7-5570-3074-2

Ⅰ.①精… Ⅱ.①F…②姚… Ⅲ.①野营（军事体育）－基本知识 Ⅳ.①G873

中国国家版本馆CIP数据核字（2023）第106022号

Original Japanese title: CAMP DE SHITAI 100 NO KOTO
edited by Figinc
Copyright © 2021 Figinc, Co., Ltd.
Original Japanese edition published by Seito-sha Co., Ltd.
Simplified Chinese translation rights arranged with Seito-sha Co., Ltd.
through The English Agency (Japan) Ltd. and Qiantaiyang Cultural Development (Beijing) Co., Ltd.

著作权合同登记号：图字 19-2023-220 号

出 版 人：刘志松
责任编辑：龙鸿波
装帧设计：艾颖琛
责任校对：李瑞苑
责任技编：冼志良

精致露营物语：星空下的山川湖海
JINGZHI LUYING WUYU:XINGKONGXIADE SHANCHUANHUHAI

广东旅游出版社出版发行
（广州市荔湾区沙面北街 71 号首、二层）
邮编：510130
电话：020-87347732（总编室） 020-87348887（销售热线）
印刷：广州市岭美文化科技有限公司
　　　（广州市荔湾区花地大道南海南工商贸易区 A 幢）
开本：787 毫米 ×1092 毫米　32 开
字数：176.7 千字
印张：6
版次：2024 年 3 月第 1 版
印次：2024 年 3 月第 1 次
定价：49.80 元

［版权所有　侵权必究］
本书如有错页倒装等质量问题，请直接与印刷厂联系换书。